MAXIME DU CAMP

LES

CHANTS MODERNES

NOUVELLE ÉDITION
Revue et corrigée

PARIS
LIBRAIRIE NOUVELLE
BOULEVARD DES ITALIENS, 15

A. BOURDILLIAT ET Cie, ÉDITEURS

1860

LES
CHANTS MODERNES

OUVRAGES DE M. MAXIME DU CAMP

EN VENTE A LA MÊME LIBRAIRIE

Les Convictions, 1 vol.	3 fr.
Le Nil (Égypte et Nubie), 1 vol.	2 »
Le Salon de 1859, 1 vol.	2 »
Mémoire d'un Suicidé, 1 vol. de 320 pages	1 »
Les Six Aventures, 1 vol. de 360 pages	1 »
Le Salon de 1857, 1 vol.	1 »
Les Beaux-Arts en 1855	3 »

Paris.— Imprimerie de la Librairie Nouvelle, A. Bourdilliat, 15, rue Breda.

MAXIME DU CAMP

LES
CHANTS MODERNES

NOUVELLE ÉDITION
revue et corrigée

PARIS
LIBRAIRIE NOUVELLE
BOULEVARD DES ITALIENS, 15

A. BOURDILLIAT ET Cⁱᵉ, ÉDITEURS

La traduction et la reproduction sont réservées.

1860

AU LECTEUR

En relisant la préface de ces poésies je me suis demandé si, la refaisant aujourd'hui, je l'écrirais telle que je l'ai écrite il y a cinq ans. Sans hésiter je me suis répondu : Non ! je n'en aurais pas changé la pensée radicale qui, chez moi, est restée la même, mais j'en aurais adouci la forme que maintenant j'estime trop vive, peut-être parce que je n'ai plus cette verdeur de jeunesse qui m'emportait autrefois. Aux causes visibles d'une décadence littéraire à laquelle rien n'est venu donner un démenti depuis que je l'ai signalée, j'aurais ajouté d'autres causes, d'un ordre plus élevé, plus politique, si j'ose dire, et d'une essence telle que je me contente de l'indiquer à la sagacité du lecteur sans entrer dans de plus amples détails. Je réimprime cette préface telle qu'elle a paru la première fois, car elle a été alors l'objet de critiques si amères, que je ne crois plus avoir le droit de la modifier.

Paris, 1er juin 1860.

PRÉFACE

—

Il est d'usage, à notre époque, quand on publie un nouveau volume de vers, de s'écrier dans sa préface : « Encore des poésies ! à quoi bon ? Le public les dédaigne, il les feuillette d'un doigt distrait, et passe outre pour aller à ses affaires ! » Puis le poëte se plaint de l'amertume des temps et interjette un modeste appel à la postérité !

Nous ne suivrons pas cette coutume; nous n'accuserons pas le public, car nous le trouvons souvent débonnaire jusqu'à l'excès, et, si notre temps nous repousse, nous ne nous en prendrons qu'à notre insuffisance.

Je comparerais volontiers le public à ces voyageurs qui descendent de diligence pour dîner dans une auberge de petite ville. On leur sert des mets à peine réchauffés qui ont déjà paru dix fois peut-être aux repas précédents et qu'on a cherché à relever par une sauce improvisée ; la servante en sabots les apporte l'un après l'autre lentement et maladroitement ; le conducteur presse les pauvres affamés ; il est en retard, il faut que l'on arrive à telle heure précise au relai prochain, puis il crie : En voiture, messieurs ! et chacun repart mécontent, sans être rassasié, se plaignant de ce dîner insuffisant et se promettant d'acheter quelques fruits à la première paysanne qui passera, afin de calmer la faim à peine endormie.

Quand un homme s'arrête sur le chemin de ses affaires et demande à lire, la librairie lui offre, faute de mieux, le dernier volume qui vient de paraître ; l'homme le prend, l'emporte et le lit. Il y trouve les anciennes idées dont on a bercé son enfance et qu'on a tenté de rendre neuves en les enfermant dans une forme toute faite et dite *à la mode* ; il voit des imitations, des plagiats, des vieilleries, des non-sens, des inutilités ; il jette le livre et ouvre son journal dans lequel il apprendra, du moins, la dépêche du jour et les assassinats de la veille.

Le public n'est ni ingrat ni indifférent ; il veut qu'on

l'amuse ou qu'on l'intéresse, il a raison ! Il veut qu'on ne lui rabâche pas toujours les mêmes sornettes aux oreilles, il veut qu'on lui dise des choses nouvelles ; il a raison encore. Quand les hommes forts de notre race ont paru dans la foule, quand Victor Hugo, Lamartine, Auguste Barbier, Alfred de Vigny, Balzac ont parlé, il s'est fait tout à coup un grand silence autour d'eux ; on a recueilli religieusement chacune de leurs paroles, on a battu des mains, et, d'un seul élan, on les a placés si haut, que nul encore de nos jours n'a pu les atteindre.

A l'époque où ces hommes sont venus, la France épuisée, vaincue, conquise, hélas ! portait des vêtements de deuil et pleurait en silence ; les meilleurs de ses enfants étaient morts, la mère sanglotait comme la Niobé antique ; une grande désolation était répandue sur elle. Les arts rampaient péniblement dans l'ornière d'une tradition à jamais usée ; une littérature veule et fade, une poésie de convention bavarde, baveuse et ampoulée, tâchaient de ne pas mourir encore.

Quand ceux que j'ai nommés se levèrent semblables à des prêtres de régénération, les vieilles murailles du monument littéraire s'ébranlèrent à leur voix, et tombèrent comme les remparts de Jéricho au bruit des trompettes israélites. Toute une jeune race forte et libérale se rangea derrière eux, et la révolution, longtemps disputée, put enfin s'accomplir.

Ces hommes, nul ne les a remplacés ; ils sont encore les plus vigoureux, malgré l'âge qui vient et les événements qui les oppriment. Ils se taisent ou se sont vus détournés de leur voie sacrée par des circonstances plus fortes qu'eux. Notre maître, le plus cher et le plus grand de tous, Victor Hugo, est en exil ; Lamartine, couronné d'épines, blessé au flanc, crucifié, écrit de longues histoires et se voit condamné à la littérature forcée ; Auguste Barbier se tait depuis qu'il a poussé, dans les *Iambes*, le cri sublime qui ne s'éteindra pas ; Alfred de Vigny ne parle plus qu'à de rares intervalles et comme attristé de faire entendre sa voix pure au milieu des coassements qui montent de tous côtés ; Balzac est mort après une agonie terrible.

La nuit est revenue ; chacun se traîne à travers l'obscurité pour chercher la lumière, et nul ne la trouve. Où est-il le Dieu génésiaque qui prendra pitié de nous et qui dira : *Fiat lux !*

L'art en est arrivé à une époque de décadence manifeste, ceci n'est pas douteux ! Un excès ridicule d'ornementation a remplacé la richesse et la pureté des lignes. Semblable à une vieille femme qui teint ses cheveux, frotte de rouge ses joues ridées, se couvre de bijoux et s'enguirlande de fleurs, pour se rajeunir, et qui ne réussit qu'à se rendre hideuse, l'art cherche lâchement à pallier ses décrépitudes par toutes sortes de procédés factices, au lieu de tenter dignement sa régénération dans une voie nouvelle. L'inutile exagération des derniers jours de la période romaine a envahi les esprits les meilleurs. La pensée ne se formule plus ; la forme seule se contourne et se tourmente pour voiler le squelette qu'elle habille.

En architecture nous voyons la confusion de tous les ordres et rien de nouveau. On entasse les colonnes, les chapiteaux, les statues, les frontons, les pinacles, les rinceaux, les dômes et les bas-reliefs ; on copie, en augmentant leur décadence, les temples de Baalbeck, les églises gothiques et les basiliques italiennes ; au lieu du beau et de l'utile, on cherche l'étrange ou l'impossible, et, après des efforts surhumains, il se trouve que l'œuvre est molle, insuffisante et laide.

En peinture on décalque les tableaux de Raphaël ou les fresques de Pompéi ; et c'est encore ce qu'il y a de mieux. Chacun va à l'aventure ; le bataillon sacré est dispersé ; il n'y a plus que des irréguliers, moitié soldats, moitié brigands. De pensée commune, il n'y en a pas. On ne croit à rien, et l'on fait des tableaux de sainteté copiés ici et là, parce qu'on pourra les vendre à quelque église de province qui veut orner ses murailles nues. Toute forme même est oubliée et jetée au néant. S'il se rencontre, par hasard, des hommes qui sachent habilement agencer les nuances, réunir les uns près des autres des tons qui ne se heurtent pas entre eux, cela suffit. On ne leur demande ni beauté, ni dessin, ni pensée, ni contours. A ce point de vue, les tisseurs de Kachemyr sont les plus grands peintres modernes.

La sculpture ! je n'en parle pas ; elle est au tombeau

depuis longtemps. Quand donc viendra celui qui lui dira : Lazare ! lève-toi !

En musique le fracas a remplacé la mélodie ; les *sax-tuba* hurlent leurs notes discordantes et couvrent de leurs éclats cuivrés le chant des violoncelles. Les ténors meurent à la peine ; un final d'opéra ressemble maintenant à des rumeurs de bataille.

Il en est de même en littérature. On accumule images sur images, hyperboles sur hyperboles, périphrases sur périphrases ; on jongle avec les mots, on saute à travers des cercles de périodes, on danse sur la corde roide des alexandrins, on porte à bras tendus un quintal d'épithètes, et l'on fait le saut périlleux par-dessus le dénoûment. De but, il n'y en a pas ; de foi, de croyance, de mission, d'amour, il n'y en a pas. Le plus fort est celui qui a le plus de mots à son service ; on polit les phrases, on fait battre des antithèses, on surveille les enjambements, on alimente le feu croisé des rimes ; on parle pour ne rien dire. Où sont donc les écrivains ? Je ne vois que des virtuoses.

Si nous devons continuer encore longtemps ainsi, il vaut mieux nous taire, car nous ne servons à rien.

La littérature est-elle coupable de cette décadence qui l'entraîne vers une transformation prochaine? Sans hésiter nous répondrons : oui ! Elle a manqué de courage, elle a été lâche ; car au lieu de marcher en avant, comme un hardi pionnier qu'elle devrait être, elle est retournée en arrière. N'osant pas se frayer une route nouvelle et s'avancer résolûment vers l'avenir, elle a repris facilement la vieille voie tracée où elle flaire la piste des anciens, semblable à un chien qui a perdu son maître. Au lieu de vêtir le costume moderne et de prendre la tunique blanche des lévites, elle s'est affublée de toges usées et de pourpoints troués au coude. C'est une mascarade puérile et qui ferait rire si elle n'était pas si triste.

Tout marche, tout grandit, tout s'augmente autour de nous cependant. La science fait des prodiges, l'industrie accomplit des miracles, et nous restons impassibles, insensibles, méprisables, grattant les cordes faussées de nos lyres, fermant les yeux pour ne pas voir, ou nous obstinant à regarder vers un passé que rien ne doit nous faire regretter. On découvre la vapeur, nous chantons Vénus, fille de l'onde amère ; on découvre l'électricité, nous chantons Bacchus, ami de la grappe vermeille. C'est absurde !

De quel fou rire ne serions-nous pas pris, mon Dieu, si maintenant, à l'heure qu'il est, à Sébastopol ou ailleurs, nous voyions arriver un chevalier armé de pied en cap, portant écu, haubert et gorgerin, et qui viendrait tranquillement lancer des javelots contre des batteries de canons à la Lancastre ? Nous dirions : « Cet homme est un fou ; mais il ne sait donc pas que toutes ces vieilles armures dont il est risiblement accoutré sont bonnes à mettre en quelque musée ; mais il va se faire tuer ! Eh ! l'homme ! allez prendre d'autres armes si vous voulez sérieusement combattre et être bon à quelque chose ! »

La littérature ressemble aujourd'hui à ce preux imbécile, et l'on peut lui tenir le même langage.

En effet, en proie à l'amour du passé, regrettant toujours d'inutiles fadaises, antique, moyen âge, rococo, bonnet rouge, et jamais actuelle, elle assiste au travail émouvant de son siècle en mal de vérité, sans même paraître s'en apercevoir. Elle représente bien, au reste, l'esprit étroit et routinier de la France, nation châtiable qui ne fait un pas en avant que pour avoir le droit d'en faire trois en arrière. On nous accuse d'être légers, frivoles et changeants. Ceci est le paradoxe le plus faux qui ait jamais germé sous le soleil. Plus qu'aucun peuple nous tournons dans le cercle vicieux des mêmes formes et des mêmes idées, nous n'osons rompre la barrière, et nous ressemblons à un cheval de manége aveuglé par un bandeau et qui croit faire beaucoup de chemin parce qu'il tourne toujours.

Il faut que la France porte en son cœur une force vitale très-singulière pour qu'elle n'ait pas encore été tuée par cette gérontocratie qui la dévore. Le culte du *vieux* est chez nous une manie, une maladie, une épidémie. Il y a des corps constitués destinés à garder, à conserver, à embaumer les momies rongées par les vers du passé. C'est un grand vestiaire où pendent pêle-mêle les défroques usées de tout ce qui a vécu. C'est le musée *Curtius* de tous les dieux, demi-dieux, héros et hommes célèbres de l'antiquité; on les explique, on les commente; ils sont en cire et leurs costumes ont été achetés au *Tem-*

ple; mais cela ne fait rien ; on pousse le ressort, ils remuent les yeux, ils baissent la tête, ils lèvent le bras, cela suffit ; on se persuade qu'ils sont vivants. Les voilà tous, depuis Achille aux pieds légers, jusqu'au fastueux Sardanapale, depuis Junon aux bras blancs, jusqu'à Dercéto pisciforme. Pour les braves gens admirateurs de ces mannequins empaillés de citations, l'humanité commence à Jupiter et finit à Héliogabale ; les plus audacieux admettent Charlemagne, mais ceux-là sont des écervelés mal vus de leur compagnie.

Au reste, ce regret du passé n'est point rare non plus chez les autres nations ; il est partout, chez tous les peuples. Qu'est-ce donc que cette vieille histoire d'un péché originel, d'un paradis perdu, si ce n'est le respect du temps qui n'est plus et qu'on ne se figure si beau que parce qu'on ne peut plus le ressaisir ? Il est si doux, si facile, si commode de marcher sans peine sur des routes frayées, de vivre dans des idées toutes faites, de recevoir sa croyance avec l'héritage de son père, et de repousser indifféremment toute chose nouvelle dans la crainte d'avoir un effort à faire. Les apôtres sont toujours tués ou sifflés. Les Juifs ont mieux aimé crucifier Jésus-Christ que de changer leurs habitudes.

De tout il en est ainsi. Les religions ont leur martyrologe, il serait curieux et instructif peut-être de dresser celui de l'industrie, de la science et des arts.

Voyez où nous en sommes aujourd'hui, en pleine moitié du dix-neuvième siècle, chez la nation qui est évidemment la nation la plus artistique du monde actuel.

Voyez : le dernier sujet du prix de poésie décerné par l'Académie française a été : *l'Acropole d'Athènes*[1]. Le dernier motif de sculpture proposé par l'Académie des beaux-arts a été : *Hector et Astyanax*. C'est à en pleurer.

Quoi, tout ce que nous avons fait, tout ce que nous avons pensé! quoi, nos grandeurs, nos misères, nos aspirations, nos désastres, nos conquêtes; quoi, tout cela ne mérite pas qu'on le chante, et il faut mettre ses lunettes et feuilleter les historiettes oubliables pour trouver un motif à dithyrambe ou à bas-reliefs!

Quoi, nous sommes ce peuple qui, à la fin du dernier siècle, — hier, au moment où nos pères venaient de naître, — illumine le monde entier par les éclats merveilleux de la plus sublime révolution qui se soit jamais accomplie; nous sommes ce peuple qui, traversant l'Europe au bruit du canon, va porter à toutes les nations les germes d'une liberté encore endormie peut-être, mais que j'entends sourdre sous la terre; nous sommes ce peuple qui se débat glorieusement à travers les neiges meurtrières et qui force, par sa défaite même, toutes les races à venir s'asseoir chez lui au grand banquet de la civilisation; nous sommes ce peuple qui souffre d'une

---

[1] Nous ferons remarquer, pour mémoire, que le mot *Acropole* ne se trouve même pas dans le *Dictionnaire de l'Académie française*. La docte compagnie se voit constamment forcée d'employer des mots qu'elle n'a pas admis.

gestation d'avenir; nous sommes ce peuple qui a eu tant de gloires magnifiques, tant de poignantes humiliations, et il faut donner des récompenses nationales à ceux qui chantent en français de cuisine les Grecs et les Romains !

Quoi, nous sommes le siècle où l'on a découvert des planètes et des mondes, où l'on a trouvé les applications de la vapeur, l'électricité, le gaz, le chloroforme, l'hélice, la photographie, la galvanoplastie, et que sais-je encore? mille choses admirables, mille féeries incompréhensibles qui permettent à l'homme de vivre ving fois plus et vingt fois mieux qu'autrefois; quoi, nou avons pris de la terre glaise pour en faire un métal plus beau que l'argent, nous touchons à la navigation aérienne, et il faut s'occuper de la guerre de Troie et des panathénées!

Quoi, nous avons entendu parler parmi nous les hardis novateurs qui préparent l'avenir, nous avons écouté Saint-Simon, Fourier, Owen et les autres; nous regardons avec anxiété vers les choses futures; nous vivons au milieu de ces problèmes sociaux dont l'éclosion va changer la face du monde; nous voyons la religion qui se lézarde et qui s'étaye sur des dogmes nouveaux pour ne pas s'écrouler comme une ruine; tous les principes, tous les droits, tous les espoirs sont discutés et remis en question; nous voyons la jeune Amérique qui fait la part belle à la civilisation prochaine; nous voyons l'Australie qui se prépare à recevoir l'héritage de l'Amérique; et nous commentons de mauvaises traductions de Platon, et nous faisons des tragédies sur Ulysse, et nous rimaillons des épîtres à Clio, et nous évoquons dans nos vers tous les dieux morts des Olympes détruits ; cela est insensé ! cela est fou ! cela est impie !

Les adorateurs aveugles de ces chimères éteintes sont comme les héros qu'ils encensent à grands coups d'alexandrins ; ils remuent les yeux, la tête et les bras, mais ils ne vivent pas ; ils ont à eux une façon de parler particulière qui ne ressemble à rien ; ils tournent autour d'une idée sans oser l'attaquer, comme un chacal autour d'un tigre ; le *mot propre* les épouvante. Avec eux, toute simplicité disparaît. Ils ont inventé de véritables logogriphes pour dire les choses les plus ordinaires. Pour offrir un verre d'eau à quelqu'un, ils diraient volontiers :

> Le suc délicieux exprimé du roseau
> Qui fond, en un instant, dans le cristal de l'eau,
> Et qu'on mêle au parfum du fruit des Hespérides,
> Peut-il porter le baume à vos lèvres arides ?

et de tout ainsi ! On croirait entendre parler des ombres ? cela s'appelle *conserver la tradition*. Pauvre tradition ! Si jamais un gouvernement sage et ami des lettres forçait ces bonnes gens à s'occuper des choses modernes et de notre temps « *fertile en miracle,* » ils demanderaient une indemnité et prétendraient qu'on leur arrache le pain de la bouche. Car, en France, nous sommes ainsi faits, que le progrès ne nous suffit pas par lui-même et qu'il faut qu'il paye sa bienvenue en belles espèces sonnantes et trébuchantes. Les maîtres de postes ont réclamé de solides compensations lorsqu'on commença enfin à établir des chemins de fer en France.

Du reste, il faut se hâter de le dire, l'Académie française, qui entretient avec grand soin le culte des idoles vermoulues, l'Académie, qui, se sentant immobilisée par le seul fait de sa constitution, voudrait rendre l'esprit humain immobile, l'Académie n'est plus un corps littéraire, c'est un corps essentiellement politique. Il regarde toujours en arrière ; en avant, jamais. En littérature, il est voué au passé ; en politique, il est voué à la rancune !

A part les trois hommes sérieusement littéraires qui font partie de cette compagnie, à part MM. Victor Hugo, Alfred de Vigny et Alphonse de Lamartine, qu'y voyons-nous? Les incurables de la politique; les débris de tous les ministères et de toutes les tribunes.

Nous les connaissons depuis longtemps, nous les avons vus à l'œuvre, nous savons leurs pasquinades et leurs insuffisances. Sous la restauration, nous les avons vus libéraux, chantant les couplets de M. J.-P. de Béranger, et gouaillant les curés; sous le gouvernement de Juillet, nous les avons vus conservateurs tant qu'ils étaient en place, et de l'opposition dès qu'ils n'y étaient plus; après 1848, nous les avons vus pâles, tremblants de peur, terrifiés, devenus tout à coup républicains du lendemain, et nous les avons entendus, le 4 mai, acclamer quatorze fois la république qui ne leur en demandait pas tant; puis nous les avons vus chuchoter entre eux, se disputer dans l'espoir, à toujours déçu, de *portefeuilles* qui ne leur reviendront jamais, et se frotter les mains en pensant qu'ils allaient reconquérir ces bons ministères où l'on était si bien et qu'on ne peut se lasser de regretter. Maintenant, ils ont amalgamé toutes leurs opinions et sont devenus *fusionistes* (un nouveau mot qu'ils mettront certainement dans leur Dictionnaire, car ce sont eux qui l'ont inventé). Ils vont dévotement dans les églises où ils faisaient, au temps de leur jeunesse, de si bonnes farces pendant les messes de minuit; ils protégent les couvents qu'ils faisaient un peu piller à la barrière d'Enfer, le 29 juillet 1830; ils demandent l'absolution de leurs vieux péchés et font pénitence aux genoux de deux ou trois d'entre eux qu'ils ont pieusement choisis *ad hoc*.

Quelquefois, ils se réunissent en grande cérémonie pour distribuer des prix de vertus — ce qui, soit dit entre parenthèse, serait beaucoup mieux dans les attributions du ministère de l'intérieur. — Ces jours-là ils arrivent en nombre, rayonnants de joie, car ils se font cette illusion qu'ils sont revenus à ce bon temps où ils pouvaient bavarder tout à leur aise dans une assemblée consultative ; un orateur désigné d'avance se lève, il déroule un cahier et se met à lire Vous croyez qu'il va parler de *vertu*, de *récompenses*, d'*art*, de *poésie?* — Nullement.

Suivez bien ses phrases ampoulées, développez ses traînantes périphrases, soulevez ses images vieillies, et vous trouverez quelques pauvres allusions qu'on débite courageusement, car il n'y a pas de danger à les dire; vous y verrez à chaque phrase, à chaque mot, l'éloge du temps où il avait voix délibérative dans les affaires du pays; vous y sentirez, cachée sous des réticences, l'attaque envieuse contre tout ce qui est jeune, contre tout ce qui vit, contre tout ce qui a de l'avenir; c'est la malédiction de la mort contre la vie; c'est l'exaltation de tout ce qui est médiocre, mesquin, incolore, ordinaire, connu, ressassé, pauvre et croulant! C'est la glorification d'eux-mêmes et la systématique négation de tout ce qui n'est pas eux. Ils parlent de liberté comme s'ils ne l'avaient pas bâillonnée eux-mêmes; ils parlent de religion comme s'ils ne l'avaient pas insultée jadis; ils parlent des gouvernements passés comme s'ils ne les avaient pas jetés dans l'abîme à force de sottises! Mais de littérature, pas un mot. A quoi bon, en effet, s'occuper de choses immortelles, lorsqu'on peut si bien bavarder inutilement sur ses petites affaires particulières?

J'ai dit que l'Académie n'était plus de nos jours un corps littéraire; j'ai eu tort. J'aurais dû dire qu'elle est un corps essentiellement antilittéraire: elle corrompt ou elle tue.

Un jour, un homme sérieux, un grand poëte, l'écrivain le plus sincèrement probe peut-être de la littérature moderne; le frère intelligent qui, dans ses romans, dans ses poésies, dans ses drame, dans ses nouvelles, dans ses préfaces, a toujours tenu haut sa bannière, a toujours combattu pour la race sacrée des poëtes à laquelle il appartient autant que qui que ce soit, M. Alfred de Vigny, en un mot, eut cette fantaisie singulière de se faire recevoir membre de l'Académie française. L'Académie eut assez bon goût ce jour-là; elle se fit cet honneur d'admettre le candidat dans son sein. M. de Vigny prononça un discours sage, modéré, convenable, faisant dignement sa profession de foi littéraire et donnant à l'école nouvelle les éloges qu'elle méritait. On vit alors ce spectacle curieux. Un homme se leva pour répondre. Il n'avait d'autres titres littéraires que d'avoir été ministre dans un temps où tout le monde le fut; il n'avait d'autre illustration personnelle que de compter au nombre de ses ascendants un magistrat qui fit jadis honnêtement son devoir; il n'avait fait autre chose toute sa vie que de débiter des lieux communs à la chambre des députés. Il s'adressa à M. de Vigny, et le *tança vertement* à propos de je ne sais quelle prétendue inexactitude historique, afin de se donner le petit plaisir de parler de quelques amis de sa famille qui avaient naturellement disparu dans la *tourmente révolutionnaire*. Une bonne partie de cette société française qui pleure le passé en arrosant des lis et qui tient M. de Vigny en singulière aversion, parce qu'il est un libre penseur, et qu'il sort, par son talent, de la médiocrité désolante de son monde, fut ravie, sauta de joie, et proclama l'ex-ministre un grand homme. Qu'est-il advenu de tout ceci? M. de Vigny est toujours aussi haut dans l'estime publique; ses livres sont restés, restent et resteront; son nom nous semble destiné à ne point périr. L'ex-ministre est oublié; nul ne sait un mot des discours qu'il prononça jadis; nul ne connaît plus un acte de sa vie parlementaire. Quand la mort viendra le réclamer, il mourra tout entier, et nos enfants ne sauront même plus son nom. Je me trompe: ils l'apprendront en contemplant un portrait fait par un très-grand peintre. Une belle toile qui le représente le sauvera peut-être du néant!

Une autre fois, M. Alfred de Musset entra à l'Académie. — Ah! celui-là nous l'avons bien aimé! — Le jour même de sa réception, nous avions relu *Namouna*, *Rolla* et les *Secrètes pensées de Rafaël, gentilhomme français*; nous avions relu ces vers charmants qui s'adressent aux

> Porte-clefs éternels du mont inaccessible,
> Guindés, guédés, bridés, confortables pédants,
> Pharmaciens de bon goût, distillateurs sublimes,
> Seuls vraiment immortels et seuls autorisés !

Nous comptions sur le courage du jeune poëte; nous pensions qu'il proclamerait hautement sa foi, et que, comme Sixte-Quint, il allait jeter sa béquille. Il n'en fut rien. Cette scène fut honteuse. Il fut humble, contrit, terne, effacé; il demanda pardon de ses fautes et s'humilia sous la férule. Au lieu de confesser son Dieu, il marcha dessus; au lieu de lever son drapeau, il le foula aux pieds. Il s'abjura et se parjura tout entier, ne recula devant aucun cynisme, but l'absinthe jusqu'à la lie, et, s'oubliant lui-même, il fit un discours

> Nu comme le discours d'un académicien.

L'apostasie fut complète, absolue, radicale. Celui qui lui répondit fut un ancien professeur dont j'ai oublié le nom; je sais seulement que toute sa gloire consiste à avoir signé ou dirigé une traduction des classiques latins. Il dogmatisa longuement, houspilla le récipiendaire pour ses folies passées, lui donna l'absolution, et lui déclara que maintenant ses péchés de jeunesse lui étaient remis en faveur de sa conversion.

On se serait cru à la cérémonie du *Malade imaginaire*. L'un disait : *Domandabo tibi, docte bacheliere?* L'autre répondait : *Clysterium donare*; et toute la compagnie reprenait en chœur: *Dignus, dignus est intrare in nostro docto corpore!*

Depuis ce jour, M. Alfred de Musset est mort, et chaque jour il assiste à son propre enterrement; son talent est irrémissiblement perdu. M. Alfred de Musset a-t-il perdu son talent parce qu'il est entré à l'Académie? Est-il entré à l'Académie parce qu'il avait perdu son talent? Grave question, sur laquelle je ne prononcerai pas.

M. de Vigny et M. Alfred de Musset étaient deux poëtes; on voulut tuer l'un, on étouffa l'autre.

Les hommes forts qui avaient le droit d'être *un* et qui ont voulu devenir *un quarantième* ne paraissent même plus sous la coupole de l'Institut. Voilà plus de dix ans que M. de Lamartine n'a assisté à une séance. Autrefois M. Victor Hugo y était déjà traité comme un proscrit. Que ce dernier nous permette de le lui dire, malgré toute l'admiration, malgré toute la vénération que nous avons pour son incomparable génie, son entrée à l'Académie française fut le crime de sa vie, et de là seulement peut-être ont découlé tous ses malheurs.

Non-seulement les tendances et les efforts de l'Académie sont antilittéraires, mais il y a peu d'hommes dans son sein dont les actes n'aient nui aux lettres ou ne les aient flétries. Cela est aussi triste à dire que facile à prouver.

Comptez-les, vous les connaissez tous. — Ceux-ci étaient *carbonari* sous la restauration; ils faisaient partie des sociétés républicaines, ils allaient partout clabaudant qu'il n'y avait pas de liberté pour la presse, pas de liberté pour le théâtre, pas de liberté pour l'enseignement. Par suite d'un incompréhensible malentendu, la révolution de 1830 les porta au pouvoir. Que firent-ils, ces champions du libéralisme? Ils muselèrent la presse par des lois oppressives, ils arrêtèrent la représentation des pièces de théâtre, ils jetèrent bas de leur chaire des professeurs savants, sages et aimés. — Ceux-là, qui furent de petits journalistes parvenus, qui sortirent de je ne sais quel salon guindé où l'on avait applaudi leurs vaudevilles et leurs égrillardes chansonnettes, ceux-là qui, grimpant d'épaules en épaules et de méprises en méprises, en étaient arrivés à être tout-puissants sur les choses dramatiques, osèrent porter la main sur Balzac; ils prirent le géant au collet, mirent son drame dans leur souricière, et, sans reconnaissance des gloires nationales, sans foi artistique, sans pudeur littéraire, ils ruinèrent et mirent à néant l'administrateur courageux qui avait le plus aidé à l'éclosion de toute une vaillante génération de poëtes. — D'autres ont fait pis encore. Ils ont publiquement pris en main la cause de filous condamnés pour vol; ils avaient des amis; quand ces amis furent morts, ils écrivirent, sous prétexte d'honorer leur mémoire, d'infâmes libelles qu'ils n'osèrent même pas signer et qu'ils avaient glanés sans doute dans les rognures des manuscrits du marquis de Sade; en faisant ainsi, en accumulant monstruosités sur monstruosités, en crachant sur tout, en calomniant tout, hélas! jusqu'à l'affection de Jésus pour saint Jean, en déclarant que la seule excuse de Dieu est de ne pas exister, en bavant sur tout ce qu'il y a de sacré au monde, eux, ces hommes graves, ces hommes décrétés immortels! ils ont commis un crime de lèse-majesté littéraire que nous ne devons jamais oublier; car, plus que tous les autres, ils ont donné raison aux calomnies, aux infamies qu'on jette sans cesse sur la route où nous marchons à travers les épines. Aussi, nous l'avouons sans pâlir, nous les haïssons de toute la force de notre amour pour les lettres et de notre respect pour les grandeurs de l'esprit humain !

Ces hommes nous ont donné le spectacle de toutes les apostasies, de toutes les trahisons, de toutes les défections. Il n'est pas de choses qu'ils n'aient abandonnées, reprises et quittées encore au gré de leurs intérêts. Et pourtant ils sont partout ; ils se tiennent ensemble, ils sont comme une petite armée ; mais leur drapeau a si souvent changé de couleur qu'on ne distingue plus rien sur ce haillon vendu ; ils se reconnaissent à leur cri de ralliement : Gardons-nous bien ! Quand le Brenn gaulois entra dans Rome conquise, il jeta son glaive dans la balance en criant : Malheur aux vaincus ! Au jour de la justice, nous avons le droit de jeter notre probité dans la balance et de nous écrier : Malheur aux vainqueurs ! Ils sont vainqueurs, soit ! Mais ils ne sont les maîtres de personne ; ils le savent bien !

Si l'Académie n'avait elle-même conscience de sa propre faiblesse, elle ne cacherait pas absolument ses réunions derrière les rideaux impénétrables de son huis clos ; si elle se savait capable, je ne dirai pas de quelque chose de bon, mais seulement de quoi que ce soit, elle publierait le rendu compte de ses réunions. Qui n'a rien à céler peut se montrer au grand jour. Il y a là un aveu flagrant d'impuissance qui n'a pas besoin de commentaires.

Donc, en tant que corps littéraire, l'Académie française n'est pas seulement inutile, elle est nuisible. Quand un corps constitué, payé, médaillé, ne sert à rien et entrave la marche des progrès qu'il devrait aider, il perd sa raison d'être et doit être supprimé.

Le jour où un gouvernement décrétera la dissolution de cette fade compagnie de bavards qui n'a même pas la force de porter le poids de son Dictionnaire, il aura bien mérité de tout ce qui tient à cœur les gloires immortelles des arts et des lettres.

On la remplacerait par des lexicographes, des poëtes, des étymologistes, des romanciers, des historiens, des philosophes et des savants qui recevraient la mission de faire un vrai dictionnaire, d'écrire les origines de la langue française, d'encourager toute tentative nouvelle et sérieuse, de veiller à la liberté du théâtre, de rédiger le Code encore attendu de la propriété littéraire, de préserver partout les intérêts de l'esprit humain, de signaler toute découverte, de faire l'Encyclopédie moderne, d'envoyer des missionnaires à la recherche de toutes les belles choses encore inconnues dans le monde, de traduire incessamment les chefs-d'œuvre des langues étrangères, de combattre les erreurs et les préjugés qui subsistent encore, de rééditer nos grands poëtes et nos grands prosateurs, enfin, de chercher le beau, le vrai et le bien par tous les moyens possibles. Il leur serait interdit de s'occuper de politique, et ils devraient, comme l'Académie des inscriptions et belles-lettres et l'Académie des sciences, publier le rendu compte de leurs travaux.

Au lieu de cela, qu'avons-nous ? — Je vous l'ai dit !

Celui qui écrira sérieusement l'histoire du quarante et unième fauteuil de l'Académie française, écrira la véritable histoire littéraire de la France. Les biographies ne lui manqueraient pas à faire, depuis celle de Molière jusqu'à celle de Lamennais; depuis celle de Jean-Jacques Rousseau jusqu'à celle de Balzac!

On prétend que la vérité n'est pas bonne à proclamer; cela est possible et m'importe peu; mais j'ai pensé qu'il était de mon devoir de la dire, je l'ai dite, et je ne me repens pas!

Abandonnée par son chef naturel qui devrait être l'Académie, si l'Académie était intelligente et composée d'hommes à la hauteur d'une mission quelconque, tourmentée par les regrets d'un passé illusoire, troublée par les angoisses d'une rénovation qui s'approche, luttant comme une insensée contre les éléments qui l'entourent et par lesquels, loin de se fortifier, elle ne fait que s'affaiblir, la littérature actuelle n'est plus que la science des mots; elle ne donne naissance à aucune idée, elle n'en féconde aucune, elle n'en défend aucune. Toute pensée sérieuse paraît lui faire peur.

Les écrivains de nos jours ressemblent à ces pianistes qui exécutent des impossibilités incompréhensibles, mais qui sont hors d'état d'inventer une mélodie, une ariette, une note.

A quoi cela tient-il? — A ce que la littérature n'a point encore osé aborder les œuvres modernes et réellement vivantes. Racontant toujours les mêmes histoires, refaisant toujours le même roman, mettant toujours en scène les mêmes personnages, chantant toujours les mêmes rimes sur le même ton, ne vivant absolument que dans des idées absolument épuisées, elle a cru qu'elle ne pouvait se rajeunir que par la forme. Alors la forme est devenue tout pour elle, son premier et son dernier mot, son alpha et son oméga. Cette forme, il a fallu la changer, la varier, la modifier à l'infini; il a fallu la rendre bien feuillue, bien plantureuse, bien luxuriante, afin qu'elle pût cacher le vide sans fond qu'elle recouvre. Abordez-la hardiment cette forme, déroulez ses volutes, regardez derrière ses images, et vous ne trouverez rien; et si, comme Polonius, je vous demande : *Que lisez-vous là, monseigneur?* vous serez en droit de me répondre comme Hamlet : *Des mots! des mots! des mots!*

Au milieu du quinzième siècle, l'architecture religieuse qui sentait instinctivement qu'elle allait s'anéantir aux approches de la renaissance que devaient amener ensemble le divin outil de Gutenberg et la voix de Luther, l'architecture religieuse se débattit, dissimula sa décrépitude sous des ornements infinis et ne se transforma que plus vite. Le gothique flamboyant fut le dernier effort de l'ogive mourante. Nous en sommes arrivés à la littérature flamboyante; la renaissance n'est pas loin.

Elle sera la bienvenue; nous l'attendons avec calme, nous l'appelons de tous nos vœux, nous la saluerons de toutes nos joies. Qu'elle vienne, et l'occupation ne lui manquera pas; elle aura fort à faire; car en ne touchan pas aux idées qui remuent le monde maintenant, nous semblons capitaliser notre propre fortune pour rendre plus riche encore notre jeune héritière.

Toutes les souffrances qui secouent l'Europe depuis soixante ans présagent l'événement et l'avénement : ce n'est point sans but que les nations sont livrées aux douleurs. Qui sait ce que l'avenir nous réserve? Qui sait si la face du globe ne va pas être renouvelée? Il me semble que nous sommes revenus à ces temps pleins d'ombre du paganisme où les dieux vermoulus tressaillaient sur leurs autels désertés, en écoutant avec terreur les vagissements du nouveau-né de Bethléem; il me semble qu'au milieu de nous j'ai vu passer des apôtres et que l'on entend parler dans les airs les voix encore indécises d'une religion nouvelle. La terre se remue; comme une Clorinde du Tasse, elle détache une à une les pièces de son incommode armure pour revêtir un costume nouveau. Elle s'agite, elle tremble sur ses pôles; elle jette à l'oubli ses lois, ses rois et ses chefs; elle semble prise de vertige et se retourne de convulsions en convulsions; les timides s'épouvantent et s'écrient : C'est la fin du monde! Le penseur regarde avec calme ces spasmes et ces efforts; il compte ces pulsations saccadées, il met pieusement la main sur ce sein qui se tord et se gonfle, il écoute cette voix haletante, et il se dit en souriant d'espérance : « C'est le nouveau monde qui va naître. »

Mais dorénavant il n'y aura pas besoin d'avalanches de barbares, de Fléaux de Dieu, de dévastations, de ruines, d'incendies, de pillage, de superposition violente d'une race à une autre race, pour substituer l'avenir au passé! Les conquêtes seront pacifiques et la guerre elle-même se transformera. Savons-nous ce que seront les batailles futures! Je l'ai dit ailleurs, le canon a tué la catapulte; la vapeur tuera les canons. Dans deux cents ans, bien avant peut-être, de grandes armées parties d'Angleterre, de France et d'Amérique, unies par un large traité de civilisation à tout prix, descendront dans la vieille Asie sous la conduite de leurs généraux; leurs armes seront des pioches, leurs chevaux des locomotives. Ils s'abattront en chantant sur ces terres incultes et inutilisées; ils ouvriront des canaux, ils traceront des chemins de fer, exploiteront les forêts, défricheront les champs, élèveront des villes, bâtiront des ports, établiront des entrepôts et enrichiront tout ce que touchera leur main. Ce sera peut-être ainsi que la guerre se fera plus tard contre toutes les nations improductives, en vertu de cet axiome de mécanique, vrai en toutes choses : il ne doit pas y avoir de forces perdues!

Que le vieux monde s'écroule, nul n'en peut douter! Voyez où il en est. Il est comme un vieillard impotent qui ne peut plus marcher; si on ne l'aide pas, il tombe. Une nation vigoureuse encore, malgré ses débilités, est obligé de le soutenir. A l'heure qu'il est, nous servons de béquille au monde catholique, au monde antique, au monde musulman. La France est à Rome, à Athènes et à Constantinoples! Si nous n'étions pas là, ici et là-bas, la dissolution commencée serait peut-être accomplie.

Armée de ses découvertes incessantes et de ses formidables instruments de travail, sentant s'agiter en elle les germes d'un agrandissement extraordinaire, notre époque veut la paix afin d'arriver plus vite aux temps bienheureux qu'elle pressent. La guerre actuelle est une preuve certaine à l'appui de mon opinion. Est-il question de principes ou de nationalités? Veut-on ajouter une couronne de plus à ses couronnes, un titre de plus à ses titres? Veut-on reculer ses frontières et moissonner le champ du voisin? Non! cette guerre est une guerre de police. Il y avait là-bas un mauvais garnement qui faisait du bruit et troublait par son tapage le repos et le travail des honnêtes gens; on a envoyé quatre hommes et un caporal pour l'empoigner; seulement le drôle est robuste et il résiste à la force armée.

Heureusement que Dieu ne se lasse pas de faire sortir le bien des désastres les plus grands. Entre ses mains incessamment paternelles, les canons de cette guerre seront peut-être des forceps!

Dans l'avenir préparé à travers les événements qui nous assaillent, quel sera le rôle de la littérature? Il sera immense, selon nous! Elle aura à formuler définitivement le dogme nouveau; elle aura à dépouiller la science des nuages obscurs où elle se complaît et aura à diriger l'industrie, car, j'en suis fâché pour les rêveurs, le siècle est aux planètes et aux machines.

Eh! mon Dieu, il ne faut pas s'en plaindre, ce sont

deux nouvelles voies ouvertes devant la littérature qui fera bien d'y marcher résolûment, si elle ne veut pas être pour toujours dédaignée et laissée en arrière. Il faut être de son temps à tout prix et quand même ; si petite que soit notre lanterne, tournons-la en avant pour éclairer l'avenir ; le passé a eu assez d'étoiles pour n'avoir pas besoin de nos soleils. Néron allumait dans ses fêtes des esclaves enduits de résine ; il y a, j'en conviens, une certaine originalité dans ce mode d'éclairage ; mais franchement, j'aime encore mieux le gaz et la lumière électrique.

La littérature qui a tout épuisé, l'antiquité, la barbarie, le moyen âge, la renaissance, le Louis XIV, la régence, le rococo, la révolution ; la littérature qui répugne ouvertement aux choses récentes et qui semble fuir devant la nécessité des études modernes, la littérature a dans la science un rôle magnifique à jouer. Elle doit la prendre corps à corps, lui arracher un à un les vêtements de convention dont on l'entoure malgré elle, et la montrer aux hommes étonnés telle qu'elle est, jeune, charmante, souriante, indulgente et radieuse. Elle parle encore une langue étrange, barbare ; elle est hérissée de termes singuliers comme une forteresse est hérissée de canons : il faut lui enseigner notre langage sonore, imagé, facile et à la portée de tous ; il faut la désarmer et lui mettre les diaphanes vêtements de la paix. Il faut, en un mot, que chacun puisse l'approcher, la toucher, la comprendre et lui donner le baiser de la communion.

Bien des causes ont concouru à renfermer la science dans une impénétrable citadelle. Pour arriver jusqu'à elle il fallait avoir le mot de passe qui faisait baisser la herse, il fallait connaître le : *Sezame, ouvre-toi!* La religion catholique fut bien coupable en tout ceci. Pendant longtemps elle ne se lassa pas de persécuter les savants et les força à vivre en dehors du genre humain. En effet, son intérêt était grand de rester seule en possession de la science, puisque cette science faisait partie de son dogme de la révélation. En acceptant tout entier l'héritage du judaïsme, en prenant pour premier point de départ les livres hébreux et toutes leurs erreurs naturelles, elle creusait sa tombe en même temps qu'elle bâtissait son berceau. Elle le sentit trop tard, lorsqu'il n'était plus temps de revenir sur des traditions consacrées, et alors, au lieu d'alimenter la lumière, elle chercha ingénument à l'étouffer. Basée sur la Genèse qui nous apprend que l'homme a été créé à l'image de Dieu, que la terre immobile voit tourner autour d'elle le soleil et la lune chargés de l'éclairer le jour et la nuit, qu'un seul déluge a couvert le monde en punition des péchés des hommes ; fortifiée par les paroles que le Seigneur dit à Moïse dans le Deutéronome [1], en lui enseignant que les lièvres sont des animaux ruminants, la science religieuse officielle a dû combattre de toutes ses forces, de tous ses ana-

---

[1] Chap. XIV, v. 7.

thèmes, de toutes ses inquisitions contre ces hommes trois fois saints qui recherchaient les effets et les causes, et les trouvaient infailliblement en dehors des dogmes imposés. Urbain VIII eut beau contraindre Galilée à se rétracter, la protestation du martyr immortel ne s'est jamais perdue ; ses quatre mots ont traversé les siècles. L'inquisition est morte, et la terre tourne. *E pure si muove!* C'est ce que nous disons à ceux qui voudraient arrêter, ne fût-ce que pour une minute, l'essor de la pensée humaine.

Que devenait la Genèse en présence des démonstrations de Galilée, en présence des lois futures de Newton, de Kepler, de d'Alembert, de Laplace? Elle disparaissait : le catholicisme prit sa cause en main, et à défaut de bonnes raisons il condamna, frappa et brûla. Les sciences courageuses qui cherchaient la lumière au milieu des ténèbres, la vérité à travers les mensonges, la vie malgré les persécutions, les sciences furent déclarées sciences occultes, damnables et sataniques. Mais rien n'y fit, ni bulles, ni cachots, ni bûchers : la vérité est comme le soleil, il faut qu'elle brille. Un jour, *les sciences occultes* devinrent forcément *les sciences naturelles*; *l'alchimie* se transforma toute seule et s'appela *la chimie*, et les fils des hermétiques ont découvert les grandes formules; ils cherchaient la pierre philosophale et l'élixir de longue vie; qu'ils soient en paix, ils les ont trouvés. Ils ont centuplé la vie, les forces et les richesses de l'homme. Ces travaux immenses furent qualifiés d'œuvres diaboliques; c'était, disait-on, l'esprit du mal qui inspirait ces connaissances impures, afin d'entraîner l'humanité à son éternelle damnation. C'était l'esprit du bien, aveugles qui ne savez pas le reconnaître, et qui, renversant vos propres textes, créez votre Dieu à votre image ; c'était l'esprit du bien qui se répandait parmi les hommes et leur mettait entre les mains les instruments sacrés qui doivent défricher les plaines du fécond avenir !

Qu'est-il arrivé de cette guerre impie, de cet antagonisme insensé ? La science est là-bas, la religion est ici. L'une est bien loin, sous le soleil, sapant, minant, travaillant, découvrant, grandissant, affranchissant; l'autre est assise à cette même place où elle a posé son siège il y a dix-huit cents ans; elle sommeille, comme les vieillards, elle joue avec des textes, elle bégaye des choses inutiles auxquelles nul ne fait attention, elle a parfois des accès de cruauté domestique, et si, levant par hasard ses yeux affaiblis, elle voit la science qui se hâte sur sa route infinie, elle lui crie: Attends-moi! attends-moi! Mais la science est trop loin; elle ne l'entend plus!

Je ne mens pas ! je n'exagère pas! nous avons vu de nos jours un archevêque proclamer que les chemins de fer avaient été suscités par Dieu pour punir les cabaretiers des grandes routes qui, le dimanche, donnaient à boire aux rouliers et aux conducteurs de diligence. Cet homme-là doit souvent voir le diable en rêve, et cependant, je vous le dis en vérité, le diable est mort : il y a longtemps que la science l'a tué.

Eh! que ferait-il parmi nous, ce pauvre diable, que déjà le moyen âge dupait dans tous ses mystères, dans toutes ses sotties? Il traversait l'espace en un clin d'œil, mais l'électricité va plus vite que lui. Il courait la nuit en vomissant des flammes, en poussant des cris, en entraînant à sa suite des légions de diablotins et de sorcières; mais une locomotive remorquant son convoi lance plus de feux, jette plus de clameurs, emporte plus de monde que lui; il bâtissait des palais en un jour, mais voyez donc ce qui se fait au Louvre maintenant; il donnait des trésors à ceux qui lui vendaient leur âme; l'industrie en procure d'aussi grands, de plus inépuisables, et n'exige que du travail en échange; il disait certaines paroles qui cicatrisaient les blessures et endormaient la douleur, mais le chloroforme en sait plus long que lui sur ce sujet.

A l'heure qu'il est le diable s'appelle Croquemitaine et fait peur aux petits garçons qui ne sont pas sages, on l'enferme dans des boîtes à surprises, et il n'emporte plus que Polichinelle à la fin des pièces du théâtre de Guignole.

Il est temps d'en finir avec ces vieux débris des religions physiques de l'antiquité, avec ces inventions flétries de Zoroastre et de Manès qui se sont faufilées dans le catholicisme en passant par la porte de la peur; il est temps d'en finir avec Osiris et Typhon, avec le blanc et le noir, avec Ormuzd et Arhiman, avec l'esprit du bien et l'esprit du mal. Il y a trop longtemps que le diable sert à diriger les consciences faibles et douteuses; entre les mains de l'Église, c'est un moyen de gouvernement, et voilà tout.

Aujourd'hui nous sommes en droit d'exiger des raisons et des motifs ; nous devons dire: Pourquoi? Les jours sont passés où l'on pouvait admirer cette devise qui eut sa grandeur : *Credo quia absurdum!* Si le diable existe, Dieu est impossible ! Saint Jean a dit dans l'Apocalypse: « Le livre de vie sera ouvert! » Ouvrons-le donc sans crainte; feuilletons-le, lisons-le à chaque page, commentons-le à chaque mot, déchiffrons-y la vérité, dût-elle nous éblouir pour toujours, et ne reculons jamais devant notre tâche. Dieu est un être parfait qui contient et aime dans son sein des êtres imparfaits, mais perfectibles. Aimons, travaillons, fécondons l'imprescriptible progrès, et laissons les invalides de la pensée s'immobiliser dans des regrets inutiles et chercher naïvement derrière eux un paradis qui est là-bas, devant nous, au bout de notre route, si nous savons la frayer courageusement.

En cherchant à cacher la science sous les plis de sa grande robe noire, l'Église n'a pas réussi à l'étouffer, mais elle l'a du moins pendant longtemps reléguée en des lieux inaccessibles. Par suite d'un dédain condamnable, mais naturel aux hommes perdus dans les hautes contemplations, les savants semblent avoir fait de grands efforts pour rendre leurs œuvres inabordables ou tout au moins inintelligibles. Ils ont à eux une façon d'idiome hiératique que le vulgaire n'entend pas; c'est un patois hiéroglyphique qu'il faut étudier longtemps avant de le comprendre. Je sais que ses formules particulières servent souvent à voiler bien des opinions fausses, bien des découvertes insensées, bien des théories absurdes ; mais je sais aussi qu'elles recouvrent parfois de merveilleuses histoires, pleines de féeries, pleines d'aventures magiques arrivées entre des astres, entre des métaux, entre ces mille atomes qui nous entourent et que nous ne soupçonnons pas. Il se passe parfois de planète à planète, de fer à aimant, de mercure à mercure, de chlore à hydrogène, des romans extraordinaires qu'on dissimule pudiquement derrière des chiffres et des A+B. Il y a dans le monde des brins d'herbes et des arbres, parmi les algues, parmi les nénufars, parmi les palmiers, dans tout ce qui est, dans tout ce qui respire, dans tout ce qui s'épanouit sous le soleil, dans toute plante, dans tout métal, dans tout animal, il y a des amours, des antipathies, des passions, des *affinités*, en un mot, qui méritent qu'on les raconte et qui sont faites pour nous surprendre. Ce langage impossible que les savants parlent entre eux, c'est à nous de l'étudier, de connaître ses secrets, afin de pouvoir expliquer à ceux qui les ignorent les étranges spectacles qui nous entourent.

La vraie gloire d'Arago sera peut-être moins d'avoir découvert tant de belles choses que d'avoir éclairé et vulgarisé les questions les plus ardues; ce sera là du moins sa gloire populaire, et c'est la meilleure de toutes et la seule enviable.

Figurez-vous un poëte qui serait assez sage et assez ami de sa propre renommée pour écrire l'histoire de la vapeur ou de l'électricité ! Il ferait plus qu'un livre, il ferait une révolution !

Je prendrai pour exemple de ce que l'on pourrait faire, un ouvrage qui a eu un grand retentissement, le *Cosmos* de M. de Humbolt. Certes, ce livre a des qualités sérieuses ; son auteur a cherché, sinon trouvé, une voie nouvelle pour la science ; il faut lui en savoir gré et le remercier des efforts qu'il a tentés. Il a voulu faire un livre à la fois scientifique et littéraire ; a-t-il réussi ? Non. Pour les savants, le *Cosmos* est insuffisant ; il s'arrête à des descriptions inutiles, il substitue parfois la *poésie* à la *science*; il oublie souvent la *formule* pour parler un langage humain ; il cherche à intéresser et sort volontiers du tabernacle où seuls les élus peuvent pénétrer ; au lieu de cacher son Dieu, il le montre. Les purs savants regardent le *Cosmos* comme une œuvre un peu légère. Les gens du monde, au contraire, le trouvent obscur, ils ne comprennent pas son côté scientifique, ils se creusent la tête pour deviner le mot de certaines énigmes algébriques, ils ignorent la valeur de certains termes, ils passent des pages et même des chapitres, parce qu'ils y rencontrent de la fatigue ou de l'ennui ; ils s'endorment sur les théories et ne se réveillent qu'aux descriptions. Pour les gens du monde le *Cosmos* est un livre trop savant. L'auteur mérite cette double condamnation qui semble se contredire. Il était trop écrivain pour faire un livre de savant, et trop savant pour faire un livre d'écrivain. Ah! ce serait un grand progrès que d'avoir la science et de ne pas être un savant!

Eh bien, donnez ce livre à un poëte, à un homme familiarisé avec les ressources du langage, avec la valeur des mots, avec la science des effets, et il vous fera trois volumes plus amusants que tous les romans, plus intéressants que toutes les chroniques, plus instructifs que toutes les encyclopédies.

Il vous racontera les histoires imposantes des mondes planétaires, il vous décrira en phrases magnifiques le déchirement de la voie lactée; il vous dira les aventures des étoiles disparues et les destinées des étoiles qui doivent apparaître, il vous montrera les splendeurs des végétations tropicales, il vous fera gravir les Cordillières les plus hautes, les Chimborazo les plus élevés, et vous décrira les flores singulières qui vont se dégradant et s'amoindrissant depuis le palmier jusqu'au lichen; comme un Moïse nouveau, il ouvrira les océans devant vous et vous conduira jusque dans ces forêts de fucus crespelés où les polypiers industrieux travaillent incessamment à combler les détroits et à rapprocher les continents. Enfin, il expliquera et commentera les richesses, les étrangetés, les mystères de cette planète que nous habitons et que nous connaissons si peu.

Un tel livre vaudrait bien le récit des amourettes de M. X avec Mme Z, surveillée par un mari jaloux qui surprend le secret de la naissance de X, et le force à épouser Mlle K, afin d'être libre de torturer à son aise cette pauvre Mme Z à laquelle il doit la fortune qui lui permet de faire des folies pour la petite P dont le père, autrefois condamné aux galères, et maintenant employé dans la police, est devenu, sous un déguisement de diplomate, l'amant de la riche princesse W, etc., etc., etc.

A côté du mouvement scientifique dont nous venons de parler, et parallèlement à lui, se développe le mouvement industriel dont la puissante éclosion est due surtout aux travaux magnifiques des écoles philosophiques modernes.

Ce mouvement, purement utilitaire, qui couvre le monde entier d'un réseau de chemins de fer, qui pousse sur tous les océans des flottes de navires à hélice, qui bâtit de vastes usines, qui substitue chrétiennement la force de l'association à la faiblesse individuelle, qui brise les vieux liens qui nouaient l'essor de la société, qui détruit les hiérarchies conventionnelles, qui se préoccupe surtout des classes déshéritées et qui cherche à donner à chacun une somme de bien-être plus grand, de vertus plus hautes, d'intelligence plus rayonnante, ce mouvement a besoin d'être dirigé; pourquoi la littérature ne se chargerait-elle pas de cette mission qui se rattache aux œuvres vives du corps social actuel ?

On a dit : La science et l'industrie tueront l'art ? On a eu tort ; elles l'aideront, à moins toutefois qu'il ne soit assez aveugle pour se jeter sur leur route dans l'espoir insensé de les arrêter ; dans ce cas, en effet, usant du droit de légitime défense, elles lui passeront sur le corps et l'écraseront si bien qu'il n'en restera plus rien qu'un glorieux souvenir. C'est à lui à prendre sa place, à marcher en tête, le premier, comme un apôtre et comme un général, et à guider valeureusement ses deux sœurs éternelles à travers ces champs verdoyants où s'épanouissent, comme des fleurs de réhabilitation, les efforts de l'esprit humain.

La photographie a-t-elle donc nui à la peinture ? Non pas, que je sache. Au contraire, elle s'est faite son commis voyageur, elle a été lui chercher en Italie, en France, en Espagne, en Nubie, en Syrie, au Mexique, aux Indes, en Sicile, partout enfin, des paysages, des monuments, des types, des costumes dont elle a pu tirer parti pour sa propre gloire. Il est possible que les faiseurs de portraits daguerriens aient fait du tort à quelques pauvres peinturlureurs qui barbouillaient un portrait pour cinquante francs, ressemblance garantie, en une séance. Ceux-là ont sagement quitté la palette, pour prendre la chambre noire, ils ont abandonné le vermillon et le brun de Madère pour l'azotate d'argent et l'hyposulfite de soude ; je n'y vois pas grand mal ; de mauvais peintres qu'ils étaient, ils sont devenus de bons photographes ; tout le monde y a gagné.

Comme la science, l'industrie a bien des splendeurs qui méritent d'être racontées. Ses efforts qui ne se reposent jamais, ses créations incessamment fécondes, ses tâtonnements, ses longues méditations, ses rivalités, ses chutes même sont dignes d'avoir leur histoire. On a bien chanté les forges de Vulcain, pourquoi donc ne chanterait-on pas les forges d'Indret et du Creuzot? Allez dans une de ces usines immenses qui fument aux bords de la Seine, près de Paris, à Asnières, par exemple, entrez et regardez.

La salle est énorme ; de larges feux l'éclairent au milieu desquels passent des hommes demi-nus, noirs, en sueur, actifs, musculeux et superbes comme des cariatides du Puget. Sur une enclume plus large qu'un plateau de montagne, une masse énorme, rouge, flamboyante est placée et crépite encore. Au-dessus d'elle s'élève et s'abaisse un marteau gigantesque, d'un poids incompréhensible, et mû par une machine à vapeur. Vingt hommes robustes, attentifs, poussent peu à peu, lentement, progressivement, le bloc enflammé sous le bélier qui le forge. Ils regardent tous le maître forgeron qui ne parle pas et qui, debout, le bras levé, la main tendue, fait un geste que comprennent ses intelligents ouvriers. Nul ne dit mot; l'angoisse serre les cœurs, car un faux mouvement, un signe mal interprété peut faire voler en éclats le colosse de fer rouge qui pèse peut-être quarante mille livres. On n'entend rien que la roue qui chante en battant la rivière, que les coups profonds du marteau et le sifflement aigu de sa chute. C'est une bataille aussi que ces luttes contre des obstacles semblables vaincus à force de travail et d'audace. Il y a péril de vie, mais, si l'on meurt, on est certain, du moins, que c'est pour la bonne cause.

Tout cela vaut bien les forges de Vulcain, les cyclopes difformes avec leur œil au milieu du front; cela vaut bien les fers de lance, les casques, les boucliers, les foudres et autres vieilleries inutiles qu'on tapait à coups de merlin chez l'époux chagrin de la blonde Vénus. N'en déplaise à ceux qui regrettent l'antiquité pour prouver qu'ils ont appris le grec au collége.

Mon Dieu! je ne demande pas qu'on l'abandonne cette antiquité que j'ai l'air de vouloir condamner absolument; loin de là; son étude est bonne, saine, fortifiante; mieux nous la saurons et mieux nous comprendrons les splendeurs merveilleuses de l'époque où nous vivons. Je crois qu'il est utile, indispensable pour l'homme de lettres de voir, de savoir et d'apprendre incessamment. Mais, entre l'étude et le culte, il y a un abîme qu'il ne faut jamais franchir. Sachons l'histoire du siècle de Périclès et du siècle d'Auguste, fort bien, mais vivons et pensons dans le dix-neuvième siècle. Ayons des aïeux, je ne m'y oppose pas; mais soyons nous-mêmes, ou bien taisons-nous.

Plus que personne je l'aime et je l'ai aimée, cette antiquité qu'on veut trop rajeunir. Je ne me suis pas contenté de l'étudier dans ses historiens et dans ses poëtes, j'ai été la chercher dans ses vieilles patries. Elle n'y est plus, car elle est partout. La Grèce n'est pas en Grèce, elle est dans l'humanité tout entière. En Égypte, en Nubie, en Syrie, en Grèce, en Italie, partout enfin, j'ai vu des ruines, j'ai vu des palais et des temples, mais les rois sont morts et les dieux sont oubliés. La vie est impitoyable, elle marche, elle marche toujours; comme le Juif errant, elle est condamnée à ne s'arrêter jamais; aujourd'hui ici, demain là, elle ne reparaît jamais aux mêmes lieux sous la même forme; elle va toujours s'élargissant, se modifiant, s'agrandissant; à chaque étape elle change de costume; aujourd'hui c'est la ceinture de palmier des Égyptiens, demain c'est la robe des Persans, après-demain c'est la chlamyde grecque, c'est la toge romaine, c'est le sayon des barbares, c'est la gone de Charlemagne, c'est le vêtement de fer du moyen âge, c'est l'habit à la française, c'est le frac noir. Les fleuves coulent fatalement de leur source à leur embouchure; s'ils s'arrêtent, c'est en vertu d'un miracle, et encore cela arrive une fois, pour laisser passer les Hébreux qui expliquent ainsi leur découverte du gué de Ribah! Pourquoi donc quelques hommes s'obstinent-ils à vouloir forcer l'humanité à remonter son courant?

Lorsque les saintes femmes entrèrent, le troisième jour, dans le sépulcre où l'on avait enfermé le corps de Jésus, elles virent un ange rayonnant de lumière qui leur dit : Il n'est plus ici! En effet, il était déjà parti pour s'incarner dans l'humanité. Il en est de même des nations. On va visiter leur tombeau et on le trouve vide, car elles l'ont quitté pour transmigrer à travers le monde. Cherchons-les parmi nous, en nous, ces grands esprits qui ont illuminé tout un siècle du reflet de leur génie; écoutons leur voix qui nous fera mieux apprécier les choses de notre temps; mais, sous peine de mort, ne revêtons pas leurs idées, n'imitons pas leurs formes, pour mal répéter ce qu'ils ont si bien dit.

J'ai vu la Troade; elle prouve à la fois deux incontestables vérités : 1° que la poésie seule donne aux faits et aux lieux une vie éternelle; 2° que l'inattaquable temps efface, brise, éteint tout, excepté les œuvres de l'esprit. J'ai vu ces côtes désertes, plates, insignifiantes et que nul ne remarquerait si Homère ne les avait chantées. La plaine est large, couverte de lentisques et ceinte de montagnes bleuissantes à l'horizon. Ce ruisseau bourbeux dont les méandres brillent derrière des glaïeuls, c'est le Simoïs. Là-bas, on aperçoit un minaret blanc et quelques noirs cyprès : c'est Bournabaki, misérable hameau qui a poussé sur les ruines d'Ilion. Il n'y a là rien qui puisse rappeler le grand drame que jouèrent l'Europe et l'Asie. Les héros de ces temps peu regrettables sont morts; leurs passions, leurs mœurs, leurs religions sont mortes aussi. Les causes qui les jetaient en armes les uns contre les autres sont aujourd'hui du ressort de la police correctionnelle. La puissance de ces *rois des rois*, de ces *pasteurs des hommes*, ferait rire de pitié le prince de Monaco lui-même; tout cela est fané, usé, rapetassé ; il faut le savoir, mais ne plus le raconter.

Eh! que faisaient-ils ces poëtes qu'on a raison de proposer sans cesse à notre admiration, mais qu'on a tort de vouloir nous faire imiter? Ils parlaient de leur temps. Ah! en cela, imitons-les, et parlons du nôtre. Qu'est ce donc qu'Orphée, si ce n'est celui qui voulait substituer l'esprit à la matière, la lyre à la flûte, Apollon à Bacchus, et qui paya de sa vie ses efforts courageux? Hésiode et Homère formulaient en poëmes splendides les croyances de leur époque. Horace s'est-il amoindri pour avoir raconté ce qu'il voyait chaque jour? Les *Géorgiques* de Virgile, poëme agricole et plein d'actualités, sont cent fois plus belles que la diffuse *Énéide*. Et le Dante, qu'était-il donc, sinon un poëte armé qui combattait pour une cause nationale? En France même, voyez quel est le poëte dramatique qui est le plus et le mieux resté : c'est Molière! Il faut des actrices spéciales aujourd'hui pour faire écouter Corneille lui-même. Ah! c'est que Molière était vivant au milieu de sa génération, c'est qu'il peignait les ridicules, les mœurs, les petitesses et les mesquineries des jours qu'il traversait. Je ne cite que ceux-là, j'en pourrais citer mille autres. Il faut être de son temps; je ne saurais trop le répéter! hors de là, point de salut.

Francœur dit quelque part : « J'ai calculé le poids » du soleil, et j'ai découvert que pour le mettre

» seulement en mouvement, il fallait dix milliards
» d'attelages, attelés, chacun, de dix milliards de che-
» vaux. Que penser après cela des données poétiques
» des anciens, qui le faisaient traîner par quatre che-
» vaux[1]? » J'avoue que je n'en suis pas encore arrivé
là ; mais je crois qu'il faut laisser les vieilles allégories,
les vieilles images dans la demeure vide des dieux
détrônés. Nous avons tout ce qu'il faut devant nous ;
l'arsenal des temps modernes est bien garni, et les
armes y sont assez riches pour que nous daignions les
prendre et nous en servir.

Nous assistons à d'assez beaux spectacles cependant.
Un grand mouvement intellectuel se fait dans l'humanité ; les nouvelles religions paraissent et se formulent
peu à peu ; les vieilles se défendent et argumentent à
outrance. Les philosophies ont laissé de côté les syllogismes à *baralipton* et à *frisesomorum* et se sont prises résolûment corps à corps. Spiritualistes, matérialistes,
idéalistes, panthéistes, catholiques, grecs, protestants,
saint-simoniens, fouriésistes, mormons, économistes se
heurtent dans le champ clos en agitant leur bannière.
Que ferons-nous au milieu de cette lutte? Resterons-nous comme d'impassibles spectateurs, commodément
assis derrière la barrière et jugeant les coups, sans nous
jeter, en gens de cœur, à travers la bataille ? Imiterons-

---

[1] J'affirme l'esprit sinon la lettre ; je cite de mémoire.

nous cet ex-philosophe qui eut de la célébrité sous la restauration et un ministère sous le roi Louis-Philippe, et qui, comme Panurge, n'aimant pas les coups, lesquels il craint naturellement, se tient prudemment à l'écart sans oser se mêler au combat? Irons-nous, singeant ses débilités et fuyant le danger, fermant nos yeux pour ne pas voir, bouchant nos oreilles pour ne pas entendre, irons-nous exhumer dans les archives des correspondances de duchesse et de comtesse du temps de Louis XIII? Entrons en guerre, et laissons-le gaspiller un beau style, dégrader un talent sérieux en écrivant des historiettes assez insignifiantes, précédées de préfaces où l'on jette de grosses injures contre la jeune littérature, en vertu de cet axiome: « On n'aime jamais son héritier. » La jeune littérature s'en soucie peu, au reste; l'insulte a glissé sur elle comme le javelot de Priam sur le bouclier de Pyrrhus. Vous voyez que je sais, au besoin, prendre dans Virgile des comparaisons appropriées à la circonstance.

La littérature seule resterait en dehors de ce mouvement providentiel? cela n'est pas possible! Son but, son devoir, sa mission, sa raison d'être est de travailler sans relâche à l'agrandissement de l'esprit humain. Elle doit chercher la vérité par tous les moyens mis en son pouvoir.

Elle le sent bien, au reste, je dois le dire. La quantité d'écoles qui nous divisent pacifiquement suffirait à le prouver. Hélas! on s'égare dans la recherche, on entre dans la nuit, on suit de fausses routes, et l'on se bat en partisan avec la mauvaise devise : « Chacun pour soi et Dieu pour tous. » Tiraillée par vingt côtés différents, la pauvre Vérité se sauve à toutes jambes et rentre dans son puits; et tous, nous pleurons son absence!

Ah! j'ai fait quelquefois un beau rêve! J'ai rêvé l'union des gens de lettres; j'ai rêvé qu'oubliant de vieilles dissidences, de sots malentendus et de puériles dissensions, ils s'assembleraient un jour sous le même drapeau, dans ce double et magnifique but d'agrandir l'esprit humain et de combattre l'Erreur. Quelles fanfares de bataille! quels chants de victoire! quelle armée! La voyez-vous d'ici, remplissant la plaine et déployant hardiment ses pennons glorieux! En tête, le poëte, celui que Dieu a baisé au front, l'élu! Puis vient l'infanterie des romanciers, sans cesse en rapport avec le corps d'artillerie, les historiens, chargés de distribuer ses inépuisables munitions de faits, d'analogies, d'exemples et de préceptes. Derrière, en bel ordre, s'avance la grosse cavalerie des dramaturges, armés de toutes pièces; tragiques et comiques confondent leurs rangs et marchent aux sons des mêmes trompettes. Sur les flancs, la cavalerie irrégulière des journalistes, des vaudevillistes, harnachés à la légère et toujours prêts aux escarmouches impromptues. Puis, de ci de là, les volontaires, les enfants perdus, comme vous, comme moi, un peu indisciplinés peut-être, mais aimant le drapeau jusqu'à mourir pour lui. Lentement, mais incessamment, chemine le corps du génie, philosophes et dialecticiens, traînant dans de grands chariots les arguments qui font la sape et les raisonnements qui ouvrent la tranchée. Ah! si cela était, quel siége on ferait à cette vieille et trop solide citadelle des erreurs invaincues encore; comme on battrait ses murailles en brèche, comme on repousserait ses sorties, comme on affamerait la place en la forçant à vivre sur elle-même, comme on donnerait l'assaut avec des cris d'enthousiasme, et comme on planterait joyeusement son oriflamme sur la plus haute tour, afin que le soleil de Dieu pût se réjouir en la voyant de tous les coins de l'horizon!

Hélas! nous sommes loin de cette fraternité qui viendra plus tard, mais que nous ignorons encore! Les charpentiers et les tailleurs de pierre sont plus forts et plus unis que nous. Quand on les blesse trop vivement dans leurs intérêts, ils se mettent en grève et attendent. Nous, nous courbons honteusement la tête et nous ne disons rien, et parfois même il se rencontre parmi nous des malheureux qui baisent la main qui nous frappe. Figurez-vous ceci cependant: la littérature de France se déclarant en grève et restant dans le silence; l'Europe épouvantée se tournerait de toutes parts pour chercher la lumière et roulerait, pleine d'angoisses et de terreurs, à travers des ténèbres sans fin. O gens de lettres! relisez donc la fable de La Fontaine: *le Vieillard et ses Enfants!*

Les gens de lettres sont moins coupables qu'ils ne le

paraissent de cette désunion et de cette indifférence absolue d'eux-mêmes. Leur profession est toute nouvelle, le mot de leur association n'a pas encore été formulé; la propriété littéraire même, à l'heure qu'il est, n'existe pas encore. Dans le temps, fort peu regrettable, où il y avait en France des grands seigneurs, il était d'usage que l'écrivain se choisît un patron auquel il faisait de ronflantes dédicaces. En récompense, on donnait au pauvre hère quelques écus de six livres, une place à l'office et un lit dans les communs. Aujourd'hui, il n'en est plus ainsi; la littérature a soutenu assez de luttes, rendu assez de services, découvert assez de soleils pour mériter, exiger et obtenir son droit de cité. Celui qui viendrait à cette heure pour renter les poëtes ferait rire de pitié. Il y a un an ou deux, je ne sais quel petit banquier parvenu s'avisa de distribuer quelques *faveurs* à des gens de lettres de ses amis. Ce fut une explosion de gaieté à la vue de ces ridicules prétentions. J'ignore quels sont ceux qui ont pu accepter ses largesses, mais je sais qu'ils sont blâmables et qu'ils ont prouvé peu de souci de leur gloire et de l'honneur de la littérature.

Mal définie, à peine reconnue, ignorant encore ses droits, cherchant en vain son code, qu'on semble vouloir lui refuser obstinément, la profession littéraire est pleine de souffrances, elle est en travail et accable souvent ses élus les meilleurs. Je connais des poëtes, de fort grands poëtes, qui sont réduits à rendre compte des vaudevilles imbéciles et des sottes pantalonnades qui se jouent sur tous les tréteaux de Paris. Pauvres étalons de pur-sang attelés à une charrette de moellons. C'est honteux, mais cela n'est que transitoire ; non-seulement nous combattons aujourd'hui, mais nous fondons aussi ; nos enfants recueilleront notre héritage, tâchons qu'il soit beau, et travaillons sans relâche.

Qui sait ce que l'avenir dévoilera ? Un jour, dans quelque cent ans d'ici, un poëte sera peut-être appelé à gouverner un grand État. Un jour peut-être cette robuste Amérique qui s'établit maintenant entre des monceaux de charbon de terre et des piles de dollars, sera lasse de son matérialisme, et, pour se relever d'un seul bond aux yeux du monde qui la regarde, elle remettra son sort entre les mains d'un de ces hommes rares que Dieu suscite pour illuminer les esprits et rasséréner les âmes. Ce sera un beau spectacle, je le jure !

La France a failli faire cette folie sublime ; les choses en auraient-elles été plus mal ? Je ne le crois pas.

On a dit : La vie est un combat ! Cela est vrai, surtout de la vie littéraire ; l'écrivain qui ne se sent pas à la fois apôtre et soldat fera bien de se taire, il est inutile. Quelques-uns croient avoir accompli toute leur mission lorsqu'ils ont savamment agencé des mots, assemblé de rayonnantes images et coloré leur style de toutes les nuances de l'arc-en-ciel. Ils se trompent ; ils sont à un véritable littérateur ce qu'un maître d'escrime est à un vaillant capitaine.

Il me semble que les temps de l'école de *l'art pour l'art*

sont passés à jamais; on demande à un artiste maintenant autre chose que des phrases harmonieuses et convenablement découpées. J'ai connu un homme qui, plus que personne, a appartenu à cette école; pendant ses longues années de surnumérariat et d'apprentissage, pendant qu'il écrivait je ne sais combien de romans et de poésies qui jamais ne verront le jour, pendant qu'il lisait les maîtres de tous pays, pendant qu'il voyageait et qu'il allait demander à la nature les effluves fécondants qu'elle réserve à ceux qui veulent communier avec elle, il avait cru qu'il suffisait de posséder la Forme pour avoir le droit de parler à ses contemporains. Le jour où il est entré dans la vie littéraire, les écailles sont tombées de ses yeux, il a vu et compris qu'il fallait aussi avoir l'Idée, et que sans elle on n'était qu'un sépulcre blanchi. « Le poëte a charge d'âme! » c'est M. Victor Hugo qui l'a dit. N'oublions pas cette sainte vérité. Le fardeau est trop glorieux pour que nous le rejetions jamais, dût-il nous écraser!

O gens de lettres, ne me blâmez pas d'avoir le courage de vous dire ces vérités cruelles dont je mérite ma part plus que tout autre. Ce courage, je ne le puise pas dans un orgueil ridicule, dans une croyance outrecuidante en mon talent que je sais apprécier à sa juste et mince valeur, je le puise dans ma tendresse infinie pour vous et dans mon amour extraordinaire pour les choses sacrées de l'art et de la pensée. Que suis-je pour parler ainsi? le plus humble d'entre vous et un des derniers venus, je le sais; mais aussi un fervent qui saura pousser sa foi jusqu'au martyre.

Avant de terminer cette trop longue préface, je me résumerai en peu de mots.

Délaissé par ses maîtres pour qui la littérature fut un moyen et jamais un but, l'art littéraire a fait fausse route; il est revenu aux vieux errements du passé. Rien n'est encore perdu, rien n'est même compromis. Qu'il fasse appel à toutes ses vaillances, qu'il ne recule devant aucun obstacle et qu'il se souvienne toujours de ce lieu commun qu'on ne saurait trop répéter : « L'avenir est en avant et non pas en arrière. » Qu'il oublie le fatras des choses éteintes et qu'il vive avec son temps et pour lui. Trois grands mouvements, le mouvement humanitaire, le mouvement scientifique et le mouvement industriel, se complétant et s'entr'aidant l'un et l'autre, emportent, comme un triple courant, notre époque vers une rénovation certaine. Qu'il s'y mêle hardiment, qu'il se baigne sans crainte dans les eaux fécondes de ces fleuves de régénération, il y trouvera des forces qu'il ne soupçonne pas et des vigueurs à soulever le monde. Qu'il les dirige, qu'il les calme ou les excite selon qu'il en sera besoin, qu'il marche avec eux, ou sinon ils ne l'attendront pas et le laisseront loin d'eux, mourant de faiblesse et d'inanition.

Un dernier mot : les poëtes antiques, tourmentés déjà par les regrets du passé, ont placé l'âge d'or derrière nous, aux premiers temps de la terre. Ils se sont trompés; l'âge d'or est devant nous! Il est trop loin encore pour que nous puissions l'atteindre dans notre existence actuelle, mais nous pouvons du moins travailler à défricher la route qui mène vers les beaux pays de l'avenir; c'est plus que notre devoir, c'est notre mission!

6 janvier 1855.

LES
CHANTS MODERNES

I

AUX POETES

Poëtes, croyez-moi ! ne dites plus : « Ma lyre ! »
Ne dites plus : « O Muse ! » Oubliez ces vieux mots !
Imitez Rabelais quand il disait : les pots !
Au lieu « du dieu Bacchus et de son saint délire ! »

Laissez tous les dieux morts dans leurs cieux oubliés ;
Délivrez-nous enfin de la mythologie ;
Laissez le vieux Silène et sa panse élargie,
Et ses grands boucs lascifs de guirlandes liés !

Jupiter est sans foudre et Vénus est ridée :
La Ménade en sueur n'erre plus dans les bois,
Actéon ne suit plus les biches aux abois,
Et la coupe d'Hébé pour toujours est vidée.

Diane ne va plus, dans son bosquet poncif,
Chercher Endymion au retour de la chasse ;
Apollon de vieillesse est mort sur le Parnasse ;
Hippocrène est à sec et Pégase est poussif.

La nymphe ne tient plus l'urne d'or des rivières ;
L'hydre de Lerne, éteinte au milieu des roseaux,
N'est plus qu'un grand marais ; j'ai vu ses vertes eaux
Baigner les jeunes foins et les blondes rizières.

Le Styx et l'Achéron n'ont plus de « sombres bords; »
Achille est enterré sous des tertres arides ;
Il ne reste plus rien du palais des Atrides,
Et les tombeaux d'Argos n'ont même plus leurs morts.

Corinthe est dévastée, et Sparte est inconnue ;
Delphes n'a plus d'oracles ; Éleusis est détruit ;
Caron a disparu, le Tartare est sans bruit :
Ixion maintenant peut embrasser la nue !

S'il faut chercher les dieux au fond du firmament,
Ce n'est pas en priant, c'est avec des lunettes;
De tous ces détrônés on a fait des planètes,
Et Mercure, aujourd'hui, n'est qu'un médicament.

L'Olympe est écroulé! Ce n'est pas que je blâme
Ceux qui vont s'inspirer aux splendeurs d'autrefois;
Il est permis d'aimer les vieux dieux, les vieux rois,
Et l'on peut allumer sa verve à toute flamme!

Il est bon de savoir les récits du passé,
D'apprendre les chants purs « dont la Grèce est la mère, »
De connaître Platon, de méditer Homère,
Et d'abreuver son âme à ce qu'on a pensé!

Travaillez, apprenez, comprenez; ô poëtes!
Sans trêve, étudiez et descendez au fond;
Jamais votre savoir ne sera trop profond,
Car il faut être fort, dans le temps où vous êtes.

L'esprit, comme un géant, marche par l'univers;
Écoutez ce qu'il dit, il vous dicte vos rôles,
Jetez votre pensée à travers les deux pôles;
Agrandissez nos cœurs, faites-nous de beaux vers!

Mais aussi, par le ciel! oubliez le langage
Des poëtes passés : chaque chose a son temps;
Ne parlez plus de dieux morts depuis deux mille ans;
Qu'ils restent « au Ténare » avec tout leur bagage !

Le mot soleil est tout aussi beau que Phœbus;
Pourquoi dire : Phœbé, lorsque l'on dit : la lune !
Le langage français n'a rien qui m'importune ;
Pourquoi donc, aujourd'hui, nous parler en rébus?

Et puis pourquoi toujours, vers les choses éteintes,
Tourner avec effort vos méditations,
N'avons-nous pas aussi nos inspirations?
Chantez donc nos espoirs, nos douleurs et nos craintes!

Sachez le passé, soit! mais chantez l'avenir!
L'âge d'or est tout près, nous y touchons peut-être;
Appelez de vos vœux celui qui doit paraître ;
Ayez plus d'espérance et moins de souvenir!

De quoi vous plaignez-vous? Notre époque est féconde!
Le bonheur et la foi vont sortir de leurs plis!
Nous verrons couronner les efforts accomplis;
On va renouveler la face du vieux monde!

Nos temps sont aussi grands que les plus révérés ;
Les vins de nos coteaux valent bien l'ambroisie ;
La nature, à tout vent, jette la poésie ;
Il s'agit de la voir ; cherchez, vous trouverez !

Nos maîtres de ballet valent les chorégraphes ;
Le dernier forgeron en sait plus que Vulcain ;
Nous avons dérobé les carreaux de Jupin
Et nous en avons fait d'agiles télégraphes !

L'hélice laisse au loin, parmi les goëmons,
Les tritons d'Amphytrite et sa conque nacrée ;
La machine à vapeur surpasse Briarée,
Elle a plus de cent bras pour soulever les monts !

L'horloge aux coups certains vaut mieux que les clepsydres ;
Et la locomotive en flamme, reniflant,
S'élançant sur les rails, hurlant, râlant, sifflant,
Ferait fuir de terreur les dragons et les hydres.

Quand un ballon, guidé par quelque audacieux,
Vole au milieu des vents sans aile et sans amarre,
Il ne choit pas vaincu, dépouillé comme Icare :
Il brave le soleil et plane dans les cieux !

Nos fusils sont plus sûrs que les arcs ou la fronde !
Nous avons rejeté les effrois superflus,
Nous recherchons la cause, et nous ne croyons plus
A des dieux courroucés lorsque la foudre gronde!

Nos chevaux, aujourd'hui ne sont plus des « coursiers, »
Mais s'ils étaient lancés dans des courses hippiques,
Ils pourraient triompher aux stades olympiques,
Oubliant, en chemin, leurs fameux devanciers !

Laissez donc le fatras des œuvres révolues ;
Laissez l'Hymen éteindre à jamais « ses flambeaux; »
Cessez de remuer la poudre des tombeaux
Dont vous ne déterrez que choses vermoulues.

Les efforts de nos jours doivent vous importer.
Nous avons nos ardeurs, nos désirs, nos colères,
Nos haines, nos pardons, nos pleurs et nos misères;
Mais c'est l'amour nouveau qu'il faut surtout chanter !

Non pas le dieu badin conduit par la Folie,
Aveuglé du bandeau qui lui couvre les yeux,
Qui marche environné par « les Ris et les Jeux, »
Et qui cherche à tâtons « les bosquets d'Idalie. »

Mais l'amour sérieux, éternel, fécondant ;
Celui qui rajeunit et qui grandit nos âmes ;
Celui qui met en nous le respect pour les femmes,
Qui fait le cœur plus haut et l'esprit plus ardent ;

Celui qui nous apprend à mieux aimer nos mères,
Qui rend l'homme plus tendre à la fois et plus fort,
Qui donne rendez-vous au delà de la mort,
Et qui repousse au loin les choses éphémères ;

Celui qui sait lutter contre tous les hasards,
Que rien ne peut dompter, que rien jamais n'arrête,
Que grandit le ciel bleu, que grandit la tempête,
Et qui vers l'avenir tourne de longs regards !

Chantez-le, celui-là, sans repos et sans trêve.
Dites-nous ses douleurs et ses enivrements,
Ses extases, ses cris, ses larmes, ses tourments,
Et sa réalité plus belle que son rêve. .

Nous avons déjà vu bien assez de grandeurs,
Nous sommes assez forts, nous sommes assez riches,
Pour vivre de nous seuls et pour laisser en friches
Les champs dont les anciens furent les moissonneurs.

Arrivez aux combats et laissez là l'escrime ;
Accomplissez enfin vos devoirs sérieux ;
Frères, criez : Courage ! aux vaincus glorieux ;
Chantez la liberté des peuples qu'on opprime.

Parlez de la Pologne, et dites-lui : Ma sœur !
Parlez de la Hongrie, et dites-lui : Sois libre !
Parlez de Rome aussi qui souffre près du Tibre !
Parlez de tout ce qui fait rêver le penseur !

Si vous voulez chanter les batailles lointaines,
Le moment est propice, et vous avez beau jeu ;
D'un bout à l'autre bout l'univers est en feu,
Et le sang, vainement, va couler dans les plaines !

Comme un homme expirant qui repousse la mort,
Et, voulant fuir en vain celle qui le convie,
Jette un râle suprême en invoquant la vie,
La guerre se prépare à son dernier effort.

Elle remue encor, mais elle aura beau faire,
Elle va disparaître et s'éteindre à jamais,
Et les peuples moins fous prouveront désormais
Que la paix seule est grande en désarmant la guerre !

Dans cent ans les soldats seront des laboureurs ;
Les généraux seront les chefs de nos usines ;
Avec les obusiers on fera des machines,
Sur nos remparts détruits on sèmera des fleurs.

Alors on comprendra que l'honneur et la gloire
Peuvent briller ailleurs qu'au milieu des combats.
Les soldats d'aujourd'hui sont les derniers soldats,
Et les chants du travail sont les chants de victoire !

Chantez la paix ! chantez l'avenir du labeur !
Jetez votre regard par delà l'Atlantique,
A l'œuvre vous verrez la robuste Amérique,
Les bras nus, le cœur ferme et le front en sueur !

Regardez au delà ! vous verrez l'Australie
Qui sent sourdre la vie en ses flancs remplis d'or,
Et nous montre de loin, comme un futur Thabor,
L'homme transfiguré que le travail délie !

C'est là, lorsque plus tard, notre heure aura sonné,
Quand nous aurons rejoint sur la route des âges
La Grèce des Héros et la Perse des Mages,
Lorsque nous aurons clos le destin ordonné,

C'est là que tu viendras, ô grande enchanteresse,
Que nul n'a pu jamais arrêter en chemin,
Toi, qui vers l'avenir nous conduis par la main,
Civilisation, notre seule déesse !

Tu porteras là-bas tes nouvelles splendeurs,
Car tu grandis sans cesse à travers tes voyages ;
Et relevé par toi des derniers esclavages,
L'homme y sera sauvé de ses vieilles douleurs !

Poëtes, chantez donc, et préparez la voie
Où marchera plus tard l'homme régénéré,
Et ne repoussez plus, d'un cœur délibéré,
Les avertissements que le ciel vous envoie.

Chantez la liberté, l'amour et le progrès ;
Des liens du passé votre âme débridée
Comprendra mieux la forme en fécondant l'idée,
Et n'animera plus de stériles regrets.

Quelques-uns vous ont dit : La Forme seule est belle !
En vous parlant ainsi, c'est un non-sens qu'ils font ;
La Forme est belle, soit ! quand l'idée est au fond !
Qu'est-ce donc qu'un beau front qui n'a pas de cervelle ?

Cherchez-la, cette Forme, et par tous les moyens ;
Choisissez la plus pure et la plus condensée,
Mais que son sein charmant féconde la Pensée,
Où vos vers ne seront que des diseurs de riens.

Elles sont toutes deux comme des sœurs jumelles
Qui ne doivent marcher que les bras enlacés,
— Les jours de « l'art pour l'art » paraissent bien passés ; —
Ensemble seulement elles sont immortelles !

Si vous ne devenez d'ardents éducateurs,
Si vous ne prêchez rien du haut de vos poëmes,
Si vous ne dites pas les paroles suprêmes
Qui seules font de vous des régénérateurs !

Si vous ne rencontrez sous vos fronts infertiles,
Que l'imitation des choses d'autrefois,
Si pour notre présent vous n'avez pas de voix,
Si vous n'enseignez rien, — vous êtes inutiles !

Et vous serez un jour comme ces vains Memnons
Dont j'ai vu les débris dans les déserts d'Afrique,
Vous n'aurez même plus un écho chimérique,
Et votre lendemain ne saura pas vos noms !

Boulainvilliers, août 1851.

II

LE CONCILE

A SA SAINTETÉ PIE IX

Si j'étais un de ceux qui sentent dans leur âme
Briller, comme un soleil, le rayon de la flamme
Où s'allume, aux grands jours de la dévotion,
L'amour aveugle et fort de la Tradition,
Si j'étais catholique et si, dans mes pensées,
Vivait le culte ardent des croyances passées,
J'irais trouver Celui qui trône sous le dais,
Et pliant mon genou devant lui, je dirais :

Père, vous êtes grand par-dessus tous les hommes ;
Vous êtes le très-saint, le très-fort et nous sommes
Chétifs, quand nous osons lever les yeux vers vous !
Comme à Dieu notre Père on vous parle à genoux !
Votre sort ici-bas n'est pareil à nul autre,
Car vous portez en vous les forces de l'apôtre
A qui Jésus a dit : « Je bâtirai sur toi! »
Nul ne prévaut sur vous! Nul empereur, nul roi
Qui n'adore, incliné, votre gloire impassible ;
Vous êtes surhumain, vous êtes infaillible !
Des prêtres mitrés d'or marchent à vos côtés,
Et lorsque vous daignez descendre en vos cités,
On jette devant vous des rameaux et des branches
Qu'entraînent en passant les longues robes blanches
De diacres sacrés qui portent l'encensoir
Parmi le peuple immense accouru pour vous voir.
D'un signe de la main vous donnez paix au monde,
Et vous voyez alors une foule profonde
Se courber devant vous, prosternée et front bas,
Et suivre, en vous priant, la trace de vos pas ;
Pour tout homme vivant, le plus grand, le plus digne,
Du nom le plus altier, c'est un honneur insigne
Que de mettre sa lèvre aux mules de vos piés ;
Aux deux pôles soumis vos bras sont appuyés,
Et vous pouvez ouvrir sur le sein de la terre
Des trésors de pardon, de joie ou de colère !
Vous êtes le Lion et le Rayon de miel !
Liant et déliant pour la terre et le ciel,

De la terre et du ciel vous portez la couronne ;
Du temple du Très-Haut vous êtes la colonne ;
Vous brisez devant vous les fronts les plus hardis,
Vous tenez en vos mains les clefs du paradis ;
Et vous êtes enfin, vous qu'en tremblant on nomme,
Au-dessous de Dieu seul, au-dessus de tout homme !

Père ! daignez souffrir qu'en toute liberté
J'élève ici la voix vers Votre Sainteté !

Vous avez réuni dans votre sainte ville,
Autour de votre chaire un glorieux concile ;
Évêques et prélats, moines et cardinaux,
Gens pieux et penseurs et qui sont les créneaux
De la foi qui s'en va, débile forteresse
Qui s'écroule malgré leurs clameurs de détresse,
Vont, reposant longtemps leur front chauve en leurs mains,
Feuilletant textes, lois, livres et parchemins,
Décider à jamais que la vierge Marie
Fut sans péché conçue et ne fut pas flétrie
Par la faute des temps Adamiques ; c'est bien !
C'est affaire de dogme et je n'en dirai rien !
Mais il est, dans le monde, un sinistre problème
Que nul ne peut résoudre. Incessant et suprême,
Il occupe l'esprit des pâles nations
Et les tourmente plus que les Conceptions !

Demain, quand vos prélats, appuyés dans leurs stalles,
Regarderont, pensifs, les voûtes colossales,
En cherchant longuement au fond de leur esprit
Quelque texte douteux dans l'Évangile écrit,
Par lequel ils pourraient décider le Prodige
Dont la réalité reste encore en litige ;
Demain, quand ils seront tous réunis, chaussez
La mule en satin blanc ; sur votre front placez
La tiare à trois rangs que surmonte le globe ;
De la ceinture d'or attachez votre robe ;
Passez à votre doigt la bague du Pêcheur ;
Prenez en votre main le bâton du Pasteur,
Puis allez gravement dans le sein du concile,
Et dites d'une voix affermie et tranquille :

« La paix soit avec vous, ô mes frères en Dieu !
» Venus de tout pays, accourus de tout lieu,
» Pour apporter ici l'éclat de vos lumières
» Et chercher avec moi les vérités premières !
» Dans l'univers que Christ, en son suprême jour,
» Nous donna comme un legs de devoir et d'amour,
» Depuis que l'homme existe, une énigme terrible
» Agite le plus fort et le plus impassible.
» Tout ce qui sent en soi battre et vibrer un cœur
» Sonde en vain ce problème et s'enfuit de terreur.
» Comme le sphinx antique, il a son nécrologe,
» Car il dévore aussi tout ce qui l'interroge !

» Rien ne peut apaiser son implacable faim ;
» Ce qu'il était hier, il le sera demain !
» Seul il est immortel jusqu'ici sur la terre,
» Vous connaissez son nom, frères, c'est LA MISÈRE.

» C'est la fauve Misère avec ses haillons gris
» Qui ronge lentement et Londres et Paris,
» Et Madrid et Pékin, et Téhéran et Rome,
» Et tout pays enfin où s'agite un seul homme !
» C'est la misère louche et de tout triomphant ;
» La misère qui prend la mère avec l'enfant ;
» La misère perfide, à marche tortueuse,
» Infanticide et lâche, adultère et menteuse,
» Dont la faim irritable est un gouffre sans fond
» Qui chaque jour devient de plus en plus profond !

» C'est ce monstre d'airain qu'il faut réduire en poudre !
» Frères, c'est le problème ici qu'il faut résoudre !

» Nous avons proclamé tous les hommes égaux,
» Mais leur égalité cesse devant leurs maux.
» Frères, écoutez-moi quand je vous crie : à l'aide !
» Priez, jeûnez, pensez, mais trouvez le remède
» A ces douleurs sans nombre, à ces grandes douleurs
» Qui montent vers nos fronts comme un fleuve de pleurs !

» Cardinaux et prélats, lumières de l'Église,
» Puisque la vérité parmi vous est assise,
» Demandez-lui le nom du problème fatal !
» Comme le Fils de Dieu, tuez l'esprit du mal
» Qui poursuivi partout, qui chassé de la terre
» Se réfugie encore au sein de la misère.

» A vous, représentants de ce Dieu tout-puissant
» Dont nous mangeons la chair, dont nous buvons le sang ;
» Du Dieu qui porte au flanc la blessure adorée
» D'où s'écoulent à flots sur la terre altérée
» L'espoir, la charité, la justice et l'amour,
» A vous il appartient de chercher en ce jour
« La fin de tous ces maux et par quel sort la vie
» D'un tel épouvantail est toujours poursuivie ;
» C'est à vous qu'il échoit ce devoir éclatant
» De dire enfin le mot que l'univers attend,
» Et qui le délivrant des prétextes du crime,
» Enfermera Satan dans le fond de l'abîme ! »

Père, vous serez grand si vous parlez ainsi,
Et les peuples futurs vous diront tous : Merci !

Un jour, Jésus marchait suivi de ses disciples,
De toutes parts pressé par des foules multiples

Qui voulaient écouter sa parole. — A la fin,
La nuit était prochaine et le peuple avait faim.
Un enfant était là, portant dans sa corbeille
Cinq pains et deux poissons. — La foule était pareille,
Tant elle était nombreuse, aux épis des moissons. —
Jésus prit les cinq pains avec les deux poissons,
Puis, fit distribuer à cette foule immense
De quoi rassasier sa faim en abondance !

Nous sommes cette foule et nous suivons vos pas ;
Père, nous vous prions, ne nous repoussez pas !
Le peuple autour de vous s'amasse dans la plaine,
Depuis longtemps il souffre et la nuit est prochaine ;
Il attend sans parler ; calmez toutes les faims !
Apôtre de Jésus ! multipliez les pains !

7 décembre 1851.

III

LE PALAIS GÉNOIS

Dans une île de l'Archipel,
Près de tes flots, ô Méditerranée,
Je sais une maison de créneaux couronnée
Qui se découpe sur le ciel.

Sous des pins parasols cachée,
Les pieds posés sur le gazon,
Comme une sultane couchée
Elle regarde l'horizon,

L'horizon bleu de l'Ionie ;
C'est un petit palais génois
Que j'ai désiré bien des fois
Comme une retraite bénie.

Ah ! ce serait un nid charmant
Pour enfouir ses chagrins et son doute,
Ce serait la dernière étape de la route,
On y vivrait tout doucement !

Si jamais je quitte la France
Pour m'en aller vers le soleil,
Si j'emporte mon espérance
Dans un pays chaud et vermeil ;
Si je quitte, un jour de colère,
Cette patrie où tout m'abat,
Si je déserte le combat
Comme un soldat las de la guerre !

C'est là que je veux me bannir
Pour effacer les tristesses passées,
N'emportant dans mon cœur, au fond de mes pensées,
Qu'un cher et pieux souvenir !

Je vivrai là seul et paisible,
Cherchant le silence et l'oubli,
Joyeux enfin d'être insensible ;
Disant à mon cœur affaibli :

« — Repose-toi de tes orages,
» Souviens-toi des jours écoulés
» Et de tes bonheurs écroulés,
» C'est le dernier de tes voyages ! »

Et si la mort dit : « Me voici ;
» Allons ; debout ! viens, ta tâche est fournie ! »
Je partirai tout plein d'une joie infinie,
En répondant : Seigneur, merci !

Chaville, juillet 1853.

IV

INSOMNIE

Seigneur, ayez pitié; je suis faible et je pleure!
Comme dans un linceul je suis couché vivant
Dans ma peine; j'entends lentement sonner l'heure
Qui m'apporte et m'enlève un espoir décevant!

J'ai beau me retourner sur mon lit solitaire,
J'ai beau fermer les yeux et chercher le sommeil,
Il me fuit; je ne puis que pleurer et me taire!
Seigneur, faites paraître enfin le jour vermeil!

Comme un enfant perdu dans d'épaisses ténèbres,
J'ai peur de cette nuit qui ne veut pas finir ;
Je suis environné de fantômes funèbres
Dont chacun me flagelle avec un souvenir !

J'entends crier d'effroi mon âme déchirée ;
Mon cœur est écrasé du poids de ses sanglots,
Et, comme un ouragan qui chasse la marée,
La douleur pousse en moi le remou de ses flots !

Mon front pâle est baigné d'une sueur amère,
Comme autrefois celui de Jésus haletant !
— Vous que j'ai tant aimée, ô ma mère, ma mère !
Pourquoi n'être plus là lorsque je souffre tant ?

Chaville, septembre 1853.

V

JALOUSIE

Que viens-tu faire en moi, sinistre jalousie ?
Pourquoi mordre mon cœur qui pourrait vivre heureux
Caressant à loisir sa chère fantaisie,
Si tu n'y plongeais pas tes glaives douloureux ?

Pourquoi faire toujours sonner à ma pensée
Tous ces baisers maudits que d'autres ont reçus ?
Pourquoi tenir toujours ma blessure pressée
Pour en verser le sang sur mes espoirs déçus ?

Laisse dormir en paix ma céleste tendresse
Sur le doux oreiller des rêves oublieux,
Ne la réveille pas et ne mets pas sans cesse
Un sanglot à ma lèvre et des pleurs à mes yeux !

Je l'aime et veux l'aimer ! — Seul et dans mon silence
Je garde un cœur dont nul ne saurait approcher ;
Tu briseras tes dents sur mon amour immense,
Tu le mordras en vain sans pouvoir l'ébrécher !

Pour idole à leur cœur si d'autres l'ont choisie,
Moi qui l'aime plus qu'eux, je ne m'en plaindrai pas !
— Mais je te chasserai, sinistre jalousie,
Et je l'aimerai tant que tu t'envoleras !

  Smyrne, 1843.

V

JALOUSIE

Que viens-tu faire en moi, sinistre jalousie ?
Pourquoi mordre mon cœur qui pourrait vivre heureux
Caressant à loisir sa chère fantaisie,
Si tu n'y plongeais pas tes glaives douloureux ?

Pourquoi faire toujours sonner à ma pensée
Tous ces baisers maudits que d'autres ont reçus ?
Pourquoi tenir toujours ma blessure pressée
Pour en verser le sang sur mes espoirs déçus ?

Laisse dormir en paix ma céleste tendresse
Sur le doux oreiller des rêves oublieux,
Ne la réveille pas et ne mets pas sans cesse
Un sanglot à ma lèvre et des pleurs à mes yeux !

Je l'aime et veux l'aimer ! — Seul et dans mon silence
Je garde un cœur dont nul ne saurait approcher ;
Tu briseras tes dents sur mon amour immense,
Tu le mordras en vain sans pouvoir l'ébrécher !

Pour idole à leur cœur si d'autres l'ont choisie,
Moi qui l'aime plus qu'eux, je ne m'en plaindrai pas !
— Mais je te chasserai, sinistre jalousie,
Et je l'aimerai tant que tu t'envoleras !

Smyrne, 1844.

VI

IMPERTINENCE

Vous aurez beau tourner languissamment
Vos grands yeux bleus de mon côté, Madame,
Vous aurez beau m'offrir, comme un dictame,
Sur votre lèvre un sourire charmant!

Vous ne pourrez pénétrer dans mon âme,
Elle est pour vous fermée obstinément,
Et je souris de votre entêtement
Qui croit toujours que je suis tout en flamme!

Laissez-moi donc vivre et rêver en paix,
Et sachez bien que si je vous aimais
Je l'aurais dit depuis longtemps, ma belle !

Cessez enfin d'allonger vos deux bras
Pour arriver jusqu'à mon cœur rebelle :
Il est trop haut, vous ne l'atteindrez pas !

Novembre 1854.

VII

VIA DOLOROSA

A FRÉDÉRIC FOVARD

Tout homme, hélas! sur cette terre,
Surtout quand sa vie est austère
Et que son cœur est généreux,
Malgré son âme ardente et forte
Dont la voix en grondant l'exhorte,
Trouve des chemins douloureux!

Il y va, couronné d'épines,
Marchant à travers les ruines

De ses chères illusions,
Montant toujours vers son calvaire,
Triste et s'asseyant solitaire
A chacune des stations !

L'un le vend, l'autre le renie,
Et chacun pour son agonie
Verse son tribut de douleurs ;
Le soldat passe et le soufflette,
Son ami s'éloigne et lui jette
En souriant des mots railleurs.

Couvert d'insolente écarlate,
Poussé de Caïfe à Pilate,
Abandonné par tous, hélas !
Si quelqu'un, prenant sa défense,
Veut proclamer son innocence,
On lui préfère Barabas !

Heureux encor, sur son passage,
Si, pour essuyer son visage,
Véronique vient à sa voix,
Et si pour alléger sa peine,
Quelque bon Simon de Cyrène
Peut l'aider à porter sa croix !

Décembre 1853.

VIII

A UN AMI

Hier vous êtes venu, plein de tristesse sombre,
Près de ma cheminée, à mes côtés, dans l'ombre,
Vous asseoir solitaire, et là, tout en fumant,
Pendant que vos regards contemplaient fixement
Les charbons duvetés de la bûche noirâtre
Qui s'éteignaient, mourants, sur la cendre de l'âtre,
Vous m'avez dit d'un ton à la fois grave et doux :

« Les hommes sont méchants ! ils vous haïssent, vous,
» Vous qui n'avez jamais cherché dans vos pensées
» Que le bien qu'il faudrait à leurs âmes blessées ;
» Vous que j'ai toujours vu le vaillant défenseur
» De tout jeune homme ardent, sérieux et penseur
» Qui marchait hardiment dans les pénibles voies
» Où l'art a répandu ses douleurs et ses joies !
» Que leur avez-vous fait?

» Ceux vers qui votre main
» Fut sans cesse tendue au milieu du chemin,
» Ceux pour qui vous avez, forçant les renommées,
» Ouvert les gonds d'airain des barrières fermées,
» Ceux pour qui vous avez tenu, sans intérêt,
» Votre cœur grand ouvert et votre bras tout prêt,
» Ceux-là même, ceux-là méprisant toute honte,
» Sans que nulle pudeur jusqu'à leur face monte,
» S'en vont, comme des chiens contre vous ameutés,
» Aboyer leur envie et leurs absurdités !

» Ils construisent autour de votre vie austère
» Je ne sais quel rempart de haine et de colère,
» Vers lequel chacun d'eux accourant à grand pas,
» Vient pour vous assiéger et pour vous mettre à bas.
» Ils sont là, se donnant des peines infinies
» Afin de manœuvrer leurs lâches calomnies,

» Dont ils cherchent ensemble à diriger les coups
» Afin de vous jeter devant eux à genoux !
» Ne sachant rien de vous — votre vie est murée —
» Ils ont été chercher dans leur âme tarée,
» Je ne sais quel tissu de mensonges impurs,
» De conseils malfaisants et de propos obscurs,
» Un mélange malsain d'ironie et de blâme,
» Dans lequel ils voudraient envelopper votre âme !
» Soyez donc le plus fort ; vous êtes prévenu ;
» Cuirassez-vous d'airain, tenez le glaive nu !
» Soldat ! défendez-vous !

       » Ce n'est pas du courage
» De combattre au grand jour, découvrant son visage,
» Contre des ennemis qui ne se montrent pas,
» Qui glissent dans la nuit pour épier vos pas,
» Et qui, toujours voilés d'invisibles ténèbres,
» Arrangent à loisir leurs trahisons funèbres.
» Ce n'est plus être brave et c'est être imprudent,
» Que de s'en aller seul, audacieux, ardent,
» Méprisant le danger, méprisant les armures,
» S'exposer sottement à de lâches blessures !
» Il faut se mettre en garde et lutter ardemment
» Contre ceux qui rêvaient votre rabaissement.
» Allez, ne craignez rien ! montrez-leur qui vous êtes,
» Et que vous n'êtes pas de ces débiles têtes

» Que le moindre ouragan incline sans effort
» Comme un roseau courbé par le vent qui le tord !
» Prouvez que vous avez des racines vivaces,
» Que rien n'affaiblira vos robustes audaces ;
» Et que pour résister et demeurer debout,
» Vous saurez, au besoin, combattre jusqu'au bout ! »

Ami ! soyez en paix ! Je ne suis pas débile,
Je ne crains ni la mort, ni la trahison vile !
Sous de tels poids mon cœur n'est pas appesanti ;
Laissez faire et parler : les méchants ont menti !
Je marche en regardant vers des choses sereines ;
Qu'importe si des gens, gonflés de sourdes haines,
Viennent en grommelant baver sur mon chemin ;
Aujourd'hui je le sais, je l'oublirai demain !
Ils sont vains, ces bruits-là ! le penseur qui travaille
Ne doit point s'arrêter pour offrir la bataille
Aux railleurs envieux qui sortent de leur trou
Pour venir, en rampant, lui tirer au genou ;
Il doit marcher guidé par la voix qui l'appelle
Et lui montre de loin la région nouvelle
Où sera l'avenir, où doit germer la foi,
Où l'homme s'appuira sur l'amour et la loi !
Le reste importe peu !

    Qu'importe le salaire
Qui doit payer le bien qu'il a tâché de faire ?

Qu'importe si Judas le vend? si ses amis
Au moment du danger sont encore endormis?
Si des liens cruels attachent sa main maigre,
Si l'on offre à sa soif l'éponge de vinaigre?
Qu'importe si le coup de lance ouvre son flanc,
Si la couronne aiguë étreint son front sanglant?
Qu'importe?

Seul il sait jusqu'où va sa pensée,
Et le but qu'atteindra sa force dépensée,
Impassible et muet, il s'éloigne en rêvant,
Sans entendre les cris balayés par le vent,
Sans ralentir le pas, sans détourner la tête
Et sans daigner répondre aux bruits de la tempête!

Si quelques envieux, méchants sans dignité,
Et ne comprenant rien à cette austérité
Qui plane sur ma vie et la rend respectable,
Inventent à grands frais un conte détestable,
Et vont de tous côtés pour essayer l'effet
De leur invention, qu'est-ce que cela fait?
Je n'en suis pas troublé, mon ami, je vous jure!
Lorsqu'elle est aussi basse, on dédaigne l'injure;
Mon cœur a mieux à faire, et je sais tel affront
Qui ne pourra jamais faire rougir mon front!
Laissez-les donc cracher le fiel de leur envie;
Laissez-les, laissez-les calomnier ma vie,

Et prêter à mon cœur tous les défauts qu'ils ont,
Tous les vices méchants qu'ils rencontrent au fond
De leur âme pétrie à tout sentiment lâche;
Ils n'empêcheront pas que je suive ma tâche,
Car je sais qu'elle est bonne et que rien ne prévaut
Contre nos actions lorsque leur but est haut !

Quand l'aigle est fatigué de demeurer à terre
Et qu'il veut regagner son ciel et son tonnerre,
Il s'élance du roc, et d'un coup d'aile sûr,
Il monte lentement vers l'éternel azur.
Il entend croasser les noirs corbeaux voraces
Qui tâchent, eux aussi, de monter sur ses traces;
Il s'arrête un instant, écoute leurs clameurs,
Sourit en comprenant ces sinistres rumeurs,
Et dirigeant son vol à travers les nuages,
Au-dessus des méchants, au-dessus des orages,
Au-dessus de l'envie et des cris superflus,
Il monte enfin si haut qu'il ne les entend plus !

Octobre 1851.

IX

LE VOYAGEUR

Voyageur! voyageur! pourquoi marcher sans cesse?
Pourquoi toujours chercher un nouvel horizon?
Pourquoi sur l'univers répandre ta jeunesse?
Pourquoi ne pas dormir quand le sommeil te presse?
Pourquoi toujours la tente et jamais la maison?

Le sable des déserts ne garde point ta trace;
Chaque soir tu t'endors plus débile et plus las;
Auprès d'aucun foyer tu n'auras donc de place,

Et de tous ces chemins qui mènent vers l'espace,
Les cailloux sont bien durs pour tes pieds délicats.

— J'ai peur de m'arrêter; c'est l'instinct de ma vie;
Quand je marche au hasard, perdu sous le ciel bleu,
J'entends chanter en moi ma jeune âme ravie
Et je porte en mon cœur le soleil du Bon Dieu!

J'ai peur de m'arrêter; car, sur quelque rivage,
Si je laissais mon cœur à qui ne le veut pas,
Je partirais brisé, tout pâle et sans courage,
Comme un soldat vaincu dans ses premiers combats.

Je ne veux pas aimer; j'aime mieux, sur les ondes,
Regarder le soleil descendre et s'abîmer;
J'aime mieux m'en aller par les forêts profondes;
L'amour me fait trop peur; je ne veux pas aimer!

— Marche donc! marche donc! ô pauvre misérable,
Reprends ta triste route et poursuis tes destins;
Tu laisseras ta vie au coin de ces chemins,
Et ton corps roulera sous les vagues de sable
Ou dans les grands flots bleus des océans lointains!

Il vaut mieux s'endormir dans les algues salées,
Sur le sommet des monts, sur les bords d'un torrent,
Sous les rochers perdus des routes isolées,
Que d'être enseveli, plein de peines célées,
Dans le tombeau muet d'un cœur indifférent !

Naples, mars 1851.

X

EN ROUTE

A CHARLES DE LA ROUNAT

Lorsque vient le printemps et que les prés sont verts,
Lorsque le soleil mord la nature engourdie,
Lorsqu'on sent les parfums d'une brise attiédie
Passer allègrement sous les cieux découverts.

Lorsqu'on voit rajeunir, sous les jets de la sève,
Le vieux tronc fendillé des aubépins en fleurs;
Lorsqu'on se sent troublé par d'étranges langueurs,
Comme on en a souvent, la nuit, pendant un rêve.

Quand le corps énervé ne vous obéit plus,
Quand l'esprit fatigué ne suit plus la pensée
Qui demeure indécise, à demi condensée,
Comme un nuage obscur dans le cerveau perclus.

Quand on bâtit tout seul des châteaux en Espagne
Au coin du feu, le soir, les pieds sur les chenêts,
Qu'on aspire aux sentiers bordés par les genêts,
Aux ruisseaux murmurants, aux fleurs, à la campagne.

Quand, sans force et sans joie, on s'ennuie à Paris,
Qu'on est las de concerts, qu'on est las de théâtres,
Et qu'on rêve pour soi l'existence des pâtres
Qui mènent leurs troupeaux dans les ajoncs fleuris.

Il faut s'en aller vite ; il faut plier bagage,
Laisser là ses ennuis, ses peines, ses fardeaux,
Prendre le bâton blanc, mettre le sac au dos,
Et partir lestement pour un joyeux voyage.

Il est si bon d'aller vers les grands horizons
Qui perdent dans le ciel leurs crêtes crevassées,
Et de laisser chanter, au hasard, ses pensées
Libres, comme un forçat échappé des prisons.

On va sans s'arrêter sur les routes battues,
Dans les chemins déserts, dans les prés, dans les champs,
Sur les monts empourprés par les soleils couchants,
Près des humbles maisons de pampres revêtues.

On va, le front au vent, parmi les foins nouveaux,
Se charmant aux chansons des oiseaux qu'on écoute,
Et s'arrêtant à voir passer sur la grand'route
Le gai roulier qui siffle en fouettant ses chevaux.

On cueille les roseaux sur le bord des rivières,
Avec les fleurs des champs on fait de gros bouquets;
On admire en passant les peupliers coquets
Qui s'inclinent au vent ainsi que des bannières.

Quand la chaleur du jour rend le pas languissant,
A l'aise l'on s'étend sur de vertes ramées,
Et l'on voit à travers ses paupières fermées
Briller un beau soleil d'un rose éblouissant.

Puis on entre, le soir, bien las de sa journée,
Dans un *bouchon* orné d'une branche de pin;
On y mange la soupe avec de bon gros pain
Et du *petit-salé*, près de la cheminée.

La nuit on y dort bien, dans de lourds draps épais,
Un peu rudes peut-être, et sentant la lessive,
Sous les colliers d'oignons pendus à la solive
Et le long des murs blancs badigeonnés à frais.

On repart le matin, à la première brise,
Comme un bon compagnon, pied leste et cœur joyeux,
Et l'on s'en va content et libre sous les cieux,
Loin des laides cités que couvre l'ombre grise.

On écoute parler ces imposantes voix
Qui s'élèvent du sein de la Mère-Nature,
Qui savent expliquer Dieu, dans leur saint murmure,
Qui chantent sa grandeur et commentent ses lois.

Elles disent la fin et le secret des choses ;
Elles nous montrent Dieu qui s'agite dans tout,
Dans les arbres couchés, dans les arbres debout,
Dans le chant des oiseaux, dans le parfum des roses ;

Dans le vent adouci qui fait courber les joncs,
Dans le vent furieux qui jette bas les chênes,
Dans les blondes moissons qui jaunissent les plaines,
Dans les raisins dorés qui pendent sur les monts ;

Dans les grands taureaux noirs qui marchent par les herbes,
Dans le grillon bavard qui chante au coin des murs,
Dans le merle siffleur qui mange les fruits mûrs,
Dans les gais papillons qui volent sur les gerbes.

Il est en toute chose ! et malheur à celui
Qui ne sait pas le voir en tout, partout, sans cesse,
Dans les œuvres d'amour, de joie ou de tristesse,
Et qui ne se sent pas vivre et vibrer en lui !

Mai 1852.

XI

LES SŒURS SANGLANTES

A H. DE K. JOHN BENFIELD, ESQ :

Comme un titan vaincu la Pologne sanglante
Courbe son front meurtri sous trois glaives hautains ;
La Hongrie éperdue, ouverte et chancelante
Regarde les gibets par son sang toujours teints !

Immobile, à genoux, Venise pantelante
Pleure en chantant tout bas ses souvenirs lointains ;
Autour de son volcan la Sicile tremblante
Traîne comme un forçat les fers napolitains !

Baissant leurs yeux pensifs, pleins d'une peine amère,
Comme des fils perdus qui chercheraient leur mère,
Proscrits de toute race, exilés de tout lieu,

Vont quêtant un pays et pleurant leur patrie !
— Quand je vois tout cela, bien souvent je m'écrie :
Que fais-tu dans le ciel, ô justice de Dieu ?

29 novembre 1834.

XII

A CHRISTOPHE

SCULPTEUR

I

Ami, votre patron sur ses larges épaules,
Plus vastes que le ciel, plus fortes que les pôles,
 Un jour porta Jésus enfant ;
Pendant qu'il traversait les flots de la rivière,
Il sentit son grand dos et sa stature altière
 Ployer sous ce poids triomphant !

La sueur à longs flots coulait sur son visage ;
Il marchait néanmoins réveillant son courage
    Pour franchir l'abîme béant,
Pendant que les serpents, éveillés sous les herbes,
S'agitaient et poussaient leurs sifflements acerbes,
    Afin d'effrayer le géant !

Il allait, s'appuyant au tronc d'un jeune chêne
Qu'il avait le matin arraché dans la plaine,
    Tout entier, ainsi qu'un fétu !
Mais l'arbre aussi ployait de la base à la tige ;
Le saint marchait toujours comme pris de vertige,
    Et de plus en plus abattu !

Il sentait s'en aller ses forces épuisées
Et mourir ses vigueurs sous un tel poids brisées ;
    Le flot autour de lui montait ;
L'ouragan furieux déchaînait ses rafales,
Les vagues jaillissaient en vivantes spirales
    Jusque sur l'enfant qu'il portait.

Le souffle s'éteignait sur ses lèvres austères,
Des fatigues sans nom coulaient dans ses artères ;
    Mais il fit un dernier effort,
Un effort de mourant, désespéré, suprême,
Et, ruisselant, courbé, pâle, exténué, blême,
    Il atteignit enfin le bord !

Lorsqu'il eut déposé sur la rive tranquille
Cet enfant dont le poids l'avait rendu débile,
    Lui, le géant robuste et saint,
Il le vit entouré de lumières sans nombre,
Étoiles et soleils qui tournoyaient dans l'ombre,
    Et dont son front pur était ceint.

Il entendit des voix qui chantaient ses louanges;
Il vit venir vers lui l'aile blanche des anges;
    Il vit les cieux étincelants,
Et les arcs-en-ciel d'or où trône Dieu le Père,
Et les martyrs pensifs qui nous disent : espère !
    En nous montrant leurs cœurs sanglants !

Il vit les chérubins, phalanges glorieuses,
Qui courbaient lentement leurs têtes radieuses
    Devant le très-saint, le très-haut !
Il vit les astres purs qui roulent dans l'espace
Et les saints nimbés d'or qui priaient à voix basse
    Celui sur qui rien ne prévaut !

Alors s'agenouillant, charmé, sur le rivage,
Pendant que des rayons éclairaient son visage,
    Et se tournant vers le ciel bleu,
Il pria longuement plein d'extases candides,
Car il avait compris à ces choses splendides,
    Qu'il venait de porter son Dieu !

II

Ami, l'art est un fleuve aux rives dangereuses,
Qui pousse en mugissant ses vagues vigoureuses
    Que rien n'arrête en leur chemin ;
Les bords sont élevés qui contiennent ses ondes,
Les rochers sont nombreux, les eaux sont très-profondes
    Et le port n'est jamais prochain !

De tous les coins du ciel soufflent des vents contraires
Qui, contre les rochers plus hauts que des calvaires,
    Jettent les pauvres passagers ;
On n'y peut naviguer qu'aux lueurs des orages,
Parmi des morts râlants, des débris de naufrages,
    Des tourmentes et des dangers.

A travers les roseaux qui bordent ses deux rives,
Pleins de gémissements et de notes plaintives,
    On entend grouiller vaguement,
Comme un nid malfaisant d'aspics et de vipères,
Les méchants à l'affût des chefs-d'œuvre prospères
    Dont ils rêvent l'avortement !

La route est inconnue et la nuit est obscure,
Il faut cheminer seul, car nulle main n'est sûre
    Pour guider parmi ces périls ;
Les plus jeunes souvent y sombrent à la nage,
Et l'impassible flot rejette sur la plage
    Les plus forts et les plus virils.

Quelques-uns, plus hardis et plus grands que les autres,
Marchant, le front au ciel, ainsi que des apôtres,
    S'avancent comme des vainqueurs ;
Mais ils tombent aussi, disparus sous la houle,
Pendant qu'en les voyant se débattre, la foule
    Les accable de cris moqueurs !

Ami, c'est dans ce fleuve à l'onde débordée
Qu'il faut chercher la route en portant votre idée,
    Comme le saint porta Jésus ;
Ce sont ces grandes eaux houleuses et rapides
Qu'il vous faut traverser sous les éclairs livides,
    Parmi le flux et le reflux !

Allez donc sans pâlir, armé de vos audaces,
Sans regarder jamais ceux qui suivent vos traces
    En voulant mordre vos talons ;
Laissez les envieux, les impuissants, les cuistres,
Et les sots conseillers, amoureux de sinistres,
    Siffler comme des aquilons !

Laissez-les et marchez ! votre charge est auguste !
Rien ne doit fatiguer votre épaule robuste
    Qui porte son fardeau sacré !
Exaltez votre cœur, agrandissez votre âme !
Plantez votre bannière, ainsi qu'une oriflamme,
    Sur le rivage révéré !

Et lorsque vous aurez, surmontant chaque épreuve,
Traversé hardiment tous les périls du fleuve,
    Là, délivré de tout affront,
Comme votre patron dont j'ai conté l'histoire,
Vous verrez des clartés et des soleils de gloire
    Briller autour de votre front !

    Avril 1854.

XIII

PAYSAGE

Les troupeaux par la plaine allaient à l'aventure,
Auprès des chênes nains dont ils mangeaient les glands,
Poussaient leurs fronts cornus et cherchaient leur pâture
Loin de leurs bruns pasteurs vêtus de burnous blancs.

Les grands chameaux pensifs dormaient couchés à l'ombre ;
Auprès d'eux, leurs petits tendaient leurs cous velus
Et recourbés, pendant que des mouches sans nombre
olai nt en bourdonnant près de leurs dos bossus !

Un enfant noir passait, les deux mains sur ses hanches,
Supportant sur sa tête un plat de cuivre rond ;
De sa bouche entr'ouverte, un sourire à dents blanches
Montait jusqu'à ses yeux et brillait sur son front

Les palmiers hérissés tremblaient sur la montagne ;
Des vautours glapissants tournoyaient dans les cieux ;
Et le soleil couchant, empourprant la campagne,
S'en allait vers les flots laver ses blonds cheveux !

Oran, octobre 1848.

XIV

ÉPAVE

Souvent un matelot après un long voyage,
S'en va seul et pensif, marchant sur le rivage,
Près de la mer houleuse et sur les sables blonds.

Il écrase en passant les coquilles luisantes,
Et foule, insoucieux, les lianes gisantes
Des fucus crespelés et des verts goëmons.

Il va les yeux baissés, dilatant sa narine
Au parfum âcre et doux de la vague marine
Qui monte à ses côtés avec le bruit des flots.

Tout est joyeux ; la mer chante ses symphonies ;
La nature placide est pleine d'harmonies,
Et le soleil se couche au loin sur les flots.

Il marche cependant, sans yeux et sans oreilles
A tous ces bruit charmants, à toutes ces merveilles
Qui sont pour un voyant les mille aspects de Dieu !

Insensible et muet, il s'en va sur la grève,
Suivant de ses désirs son esprit qui l'enlève
Vers une autre pensée et vers un autre lieu !

Il songe aux jours heureux où, bercé par les brises,
Il abordait enfin à ces terres promises
Brillantes de lumière et vertes de palmiers.

Il regrette et revoit les brunes bayadères,
Le brahmane pensif murmurant des prières,
Et les grandes forêts où volent les ramiers.

Il voudrait être au temps de ses courses lointaines,
Afin de voir encor les pagodes hautaines
Qui baignent leurs pieds blancs au sein des blondes eaux.

Il voudrait se mêler aux longues caravanes
Qui passent lentement à travers les savanes,
Et partent le matin aux chansons des oiseaux !

Il voudrait s'en aller bien loin de la patrie !
— Pendant qu'il marche ainsi, triste en sa rêverie,
Le flot indifférent amène jusqu'au bord

Une épave égarée, un débris de naufrage,
Mât de quelque vaisseau foudroyé par l'orage,
Venu dans les courants en messager de mort !

Le matelot s'arrête ; il regarde, il fait trêve
A ses chers souvenirs, à ses vœux, à son rêve,
Et vers l'épave humide il se penche en tremblant ;

Il la tourne en ses mains ; il cherche, il voudrait lire
Le nom du capitaine ou celui du navire,
Et savoir d'où lui vient ce témoin ruisselant !

Pas un nom ! pas un mot ! Seul, un bout de cordage
Pend à ce mât sinistre, et traîne sur la plage
Comme le tronçon noir et flasque d'un serpent !

Il s'éloigne à pas lents ; bien loin sont les savanes !
Loin les palmiers joyeux et loin les caravanes,
Car une lourde peine en son cœur se répand !

Il pense à ses amis morts là-bas, sous la brume,
Sombrés pendant la nuit dans les flots pleins d'écume,
Brisés par l'ouragan, vaincus et furieux !

Morts sans un mot d'adieu, sans baiser, sans prière,
Sans un prêtre auprès d'eux, à leur heure dernière,
Pour ouvrir à leur âme un chemin vers les cieux !

Les poissons monstrueux mangeront leurs cadavres,
Ou l'eau les portera sur le sable des havres,
Gonflés, tuméfiés, tordus et verdissants ;

Les voraces corbeaux, venus à grand bruit d'ailes,
S'étaleront sur eux, videront leurs prunelles,
Et se disputeront ces lambeaux repoussants !

Pendant ce temps, en vain, auprès de leur village,
Leurs femmes, jour et nuit, — rien ne les décourage, —
Lèveront leurs regards vers l'obscur horizon !

Le pauvre matelot sent des larmes pressées
Monter jusqu'à ses yeux à ces noires pensées,
Et le cœur plein de deuil, il rentre en sa maison.

Ainsi, quand je suis seul et lorsque je convie
Mon âme à parcourir les grèves de ma vie,
Pour chercher un abri de joie et de soleil

Où je puisse oublier, loin des heures présentes,
Les soucis énervants et les peines pesantes,
Et m'endormir en paix, dans un rêve vermeil !

Souvent elle rencontre une épave perdue
Qui flotte tristement à travers l'étendue,
Et qui s'en vient vers moi comme un flot de douleur !

En voyant ce débris que le passé m'envoie,
Un souvenir amer ensevelit ma joie,
Et je rentre en pleurant dans le fond de mon cœur !

Puisque je suis de ceux qui cherchent le problème !
Puisque j'ai loin de moi repoussé tout blasphème !
Puisque je crois en Dieu, que j'aime et que j'ai foi :

Puisque je sens en moi l'ineffable espérance !...
— Souvenirs tout saignants de deuil et de souffrance,
Épaves de mon cœur éloignez-vous de moi !

Neuilly, mai 1852.

XV

NOTRE-DAME-DE-LA-HAINE

Sur les côtes de la Bretagne,
Près de Tréguier, dans la campagne
Qu'arrosent les eaux du Guindy,
S'élève une pauvre chapelle
Solitaire et que l'on appelle,
D'un nom sinistrement hardi.

C'est Notre-Dame-de-la-Haine !
On voit se dresser dans la plaine

Son clocher gris et désolé !
Pendant l'office qu'on célèbre,
On entend la cloche funèbre
Sonner d'un ton rauque et fêlé !

Les champs sont nus, la terre est morne ;
Par delà l'horizon sans borne,
On entend mugir sourdement
Les grands flots de la mer gonflée,
Qui battent la grève isolée
Et pleurent lamentablement !

On entend crier dans l'espace
Le courlis sinistre qui passe
En appelant les naufragés ;
Les couleuvres à mille raies
Rampent et sifflent dans les haies
Et sous les buissons ravagés.

Les arbres n'ont plus de feuillage,
Il s'est envolé sur la plage,
Brûlé par le vent de la mer ;
Tout est triste, tout est aride,
Et l'ouragan dans le ciel vide
Seul déchaîne son souffle amer.

Pas de pigeons aux blanches ailes,
Pas de bouvreuils, pas d'hirondelles,

Et parmi les sombres débris,
A côté des sombres chouettes,
Les chauves-souris inquiètes
S'envolent en poussant des cris!

Il semble que les vœux terribles,
Que les prières indicibles
Doivent ici se prononcer,
Près de cet autel implacable,
Et que la sainte formidable
Ne doit jamais les repousser!

Notre-Dame! s'il faut encore
Que la haine qui me dévore,
Pour celui que vous savez bien,
Avorte en ses efforts sans nombre
Et que mes vœux criés dans l'ombre
Retombent sans servir à rien ;

J'irai, pèlerin de colère,
Prier dans votre sanctuaire,
Afin de vous parler de lui;
J'irai vous raconter ma peine,
O Notre-Dame-de-la-Haine!
Et vous demander votre appui!

XVI

FEMMES TURQUES

A THÉOPHILE GAUTIER

Dans un grand cimetière aux lugubres allées,
Sous les bois de cyprès qui ceignent Scutari,
J'ai vu souvent passer des femmes long-voilées
Qui portaient à la main un bouquet défleuri!

Elles allaient s'asseoir sur les tombes nouvelles,
Pour parler à leurs morts des choses du passé
Comme à de vieux amis, pendant qu'au-dessus d'elles
Les milans tournoyaient dans le ciel bleu foncé.

Parmi les plis pressés qui couvraient leur visage,
Je voyais seulement scintiller leurs grands yeux,
Comme l'on voit parfois sur le bord d'un nuage
Deux constellations qui brillent dans les cieux !

Sur le tissu léger, l'haleine de leur bouche
Traçait en respirant un humide sillon ;
Leur pied teint de henné, sortant de sa babouche,
Semblait en marbre blanc frotté de vermillon !

Un énorme manteau de nuance éclatante
Que soulève le vent se gonflait sur leurs pas,
Et choqués doucement en leur démarche lente
De larges cercles d'or résonnaient à leurs bras.

Avec leur voile blanc toutes me semblaient belles,
Et je me figurais, sous ce pâle linceul,
Des visages charmants, des beautés solennelles
Comme au bleu paradis en pourrait voir Dieu seul !

Et je les contemplais, immobile, en silence,
Plein d'étranges ardeurs, et j'aurais bien voulu
Les prendre dans mes bras, sans cris, ni violence,
Et reposer mon cœur sur leur cœur inconnu,

Sans vouloir découvrir leur face emmaillottée
Sans chercher un seul trait, sans écarter un pli,
Afin d'avoir en moi, dans mon âme attristée,
Le souvenir voilé de mon rêve accompli !

Chaville, juin 1853.

XVII

A AIMÉE

O ma vieille servante aux épaules penchées,
Toi qui savais si bien, quand j'étais tout petit,
Calmer en souriant mes douleurs épanchées!
Toi qui vis partir ceux que la mort engloutit.

Toi qui partageas tout! mes peines et mes joies!
Toi que rien n'a lassée et dont l'attachement,
Depuis trente-deux ans, a marché dans mes voies,
Sans hésiter jamais au seuil du dévoûment.

Toi qui respectas tout, injustice et caprice,
Du jour où tu me pris dans ton bras jeune et fort,
La lèvre humide encor du lait de ma nourrice,
Le lendemain du jour où mon père était mort ;

Toi, qui vieille à cette heure et par les ans courbée,
Restes auprès de moi comme un témoin vivant
De toute chose, hélas ! sous le temps succombée,
De tout ce qu'ont brisé les jours en se suivant !

Chacun de mes chagrins, ou faux ou légitimes,
A fait couler des pleurs de tes yeux attristés ;
Tu sus mêler ton rôle à mes drames intimes ;
Tu fus inébranlable en mes adversités.

Je me suis vu quitté par de chères maîtresses,
Bien des mains ont frappé sur mon cœur éperdu,
Je connais le faux poids des menteuses tendresses ;
Des amis m'ont trahi ! l'un m'a presque vendu !

Toi seule es demeurée incessamment fidèle,
N'ayant pas d'autre but que de toujours m'aimer,
Placée auprès de moi comme une sentinelle
Pour défendre mon cœur et pour le ranimer.

Dis-moi, te souviens-tu du temps de mon enfance,
De ce temps radieux, et qui ne m'a laissé
Qu'un souvenir confus où mon âme s'avance
Afin de ressaisir quelques traits du passé !

A travers ce brouillard où flotte ma mémoire,
Au-dessus de ce livre où je reste penché,
Je cherche à déchiffrer comme dans un grimoire,
Les mots qui me diront où mes pas ont marché.

Quelquefois un son vague, un chant furtif qui passe,
Évoque tout à coup un fantôme voilé
Qui se dresse et s'envole en jetant dans l'espace
Une image, un regret, dont mon cœur est troublé !

Comme un cri de clairon qui réveille une armée,
Dans la nuit, brusquement, et, d'un rauque signal
Fait sortir les soldats de la tente fermée
Et les pousse, en rumeur, autour du général,

De même, lorsqu'un bruit glisse dans mon silence
Comme un écho lointain qui m'enverrait sa voix,
Ton souvenir alors se réveille et s'élance
Pour me parler encore des choses d'autrefois !

Alors je revois tout ! et toujours toi, si bonne,
Veillant sur cet enfant qu'on t'avait confié,
Défendant ses méfaits afin qu'on lui pardonne,
Pauvre cœur ignorant pour moi sanctifié !

Je revois la maison de jardins entourée
Où j'étonnais ta peur, en courant sur les toits
Pour aller regarder d'une mine effarée
D'effrayants sourds-muets parlant avec leurs doigts.

Je revois nos départs, nos courses dans le Maine,
Avec le vieux château du temps des Templiers,
Et les bois, et les champs, et tout ce grand domaine,
Et les larges étangs bordés de peupliers !

Ah ! c'était le bon temps ! Point de sottes études,
Point de maître pédant, d'ennuyeuses leçons,
Mais de bons paysans dont les larges mains rudes
Fauchaient allègrement l'épi blond des moissons !

Mais du matin au soir courir sans fin ni cesse,
Alerte, courageux, intrépide, emporté,
Ainsi qu'un lévrier qui briserait sa laisse,
Ivre de la campagne et de ma liberté !

Et comme j'étais las au bout de la journée !
Bien souvent, sans manger, je m'endormais le soir,
Sur tes genoux, devant l'antique cheminée,
Où des souches flambaient au fond de l'âtre noir.

Je l'ai vu vendre, hélas ! ce vieux château rustique
Où j'ai passé des jours que j'ai tant regrettés !
Un autre a maintenant mon vieux pignon gothique ;
Il n'y reste plus rien de mes jeunes gaîtés.

Quoi donc ? Plus rien, plus rien ? et pourtant il me semble,
Si je m'en retournais vers ces prés, vers ces bois,
— Nous avons tant causé, dans le bon temps, ensemble —
Que pour me faire accueil ils trouveraient des voix.

Il me semble que tout, les noyers et les chênes,
Les roseaux des étangs, le taillis verdoyant,
Les buissons des chemins, les herbes des fontaines,
Les saules, les ormeaux diraient en me voyant :

« Te voilà donc enfin ! ô notre jeune maître,
» Pourquoi, de si longtemps, n'étais-tu pas venu ?
» Nous pensions chaque jour te voir enfin paraître ;
» Dès que tu t'es montré, nous t'avons reconnu.

» Et dis-nous, qu'as-tu fait de ta vieille servante,
» Qui venait te chercher jusque sous nos abris,
» Et que tes bonds d'enfant remplissaient d'épouvante
» Quant tu grimpais sur nous en riant de ses cris ?

» Vit-elle encore ? est-elle encore en ta demeure ?
» A-t-elle clos ses yeux sous l'immuable loi ?
» Car pour revivre, un jour, il faut bien que l'on meure !
» Plusieurs de nous sont morts en nous parlant de toi ! »

Hélas ! en les quittant, j'allai dans un collége ;
Là, plus d'arbres touffus, plus de large horizon,
Mais des regrets, des pleurs, des maux que rien n'allége,
De longs ennuis bien lourds et des murs de prison.

Au lieu de leurs accents qui disaient tant de choses,
Et qui chantaient pour moi comme un sublime chœur,
Je n'entendais parler que des maîtres moroses,
Qui lassaient mon esprit et dégoûtaient mon cœur.

Tout était froid et laid sous ces hautes murailles :
Les classes, les dortoirs, les cours et les verrous !
Une tristesse morne habitait mes entrailles ;
Arbres tant regrettés, je ne rêvais qu'à vous !

Je ne rêvais qu'à vous, grands bois et larges plaines
Où j'avais dépensé ma vie en liberté,
Vous, dont j'avais vidé d'un trait les coupes pleines
De bonheur, de raison, de force et de santé.

Pendant dix ans ! — dix ans ! ma rebelle jeunesse
A lutté chaque jour qu'en souffrant j'ai vécu :
Rien n'y fit, ni cachot, ni pensum, ni caresse,
J'étais toujours dompté, mais toujours invaincu.

Je me souviens encore avec quelle amertume,
Avec quelle douleur je regardais, le soir,
Le soleil au lointain se coucher dans la brume,
En pensant aux champs verts où j'aurais pu m'asseoir.

Ah ! que j'aurais voulu, dans mon ardeur profonde,
Briser tous mes liens, et libre, aventureux,
Aller vivre au hasard, et marcher par le monde !...
J'ai fait cela depuis, en suis-je plus heureux ?

C'est toi que je revois dans ce collége, encore,
O ma vieille servante, inquiète, espérant,
Dans ce vaste parloir qu'un poêle seul décore,
Que je viendrais enfin t'embrasser en courant !

Rien ne faisait fléchir tes tendresses robustes ;
Tu pleurais de mes pleurs et ne me grondais pas,
Tu trouvais comme moi tous les maîtres injustes,
Et quand tu me quittais, tu sanglotais tout bas !

Hélas ! je me plaignais de toutes mes misères,
Ce n'était rien encore. Un jour, t'en souvient-il ?
Un jour froid et maudit, plein de dures colères,
Un jour où tout pleurait, — c'était au mois d'avril, —

Un des jours que la mort choisit pour jour de fête,
Un de ces jours de deuil qui jettent la raison
A travers tous les vents battus par la tempête,
En tremblant je passai le seuil de ma maison.

Ma mère allait mourir ! sa lèvre mince et pâle,
Presque froide déjà, murmurait faiblement
Des mots tristes et doux qu'interrompait le râle,
Comme un chœur qui s'éteint et renait par moment !

Ses yeux bleus, incertains, voilés par l'agonie
Flottaient sous la paupière et semblaient regarder
A travers les grands flots d'une mer infinie
Vers les bords inconnus qu'elle allait aborder.

Alourdi par le poids des angoisses dernières,
Son front faisait pencher son cou comme un roseau,
Tout se troublait en elle, et ses faibles paupières
Battaient et frémissaient comme une aile d'oiseau.

O sanglots ! n'est-ce pas que j'ai gardé son âme,
Qu'elle habite mon cœur et préside à ma foi,
Et que, lorsque je sens ces souvenirs de flamme,
C'est elle qui me parle et me dit : Souviens-toi !

Lorsque tout fut fini, lorsque sa chevelure
Fut sur elle épandue ainsi qu'un brun linceul,
Quand j'eus senti monter, comme un vague murmure,
Mes désolations, lorsque je fus tout seul,

Étendu sur mon lit, sans force, et le visage
Enfoui dans mes mains, voulant mourir, en pleurs,
J'entendis une voix disant : « Prenez courage !
» Je viens vous réclamer une part de douleurs !

» Vous ne resterez pas seul et pleurant sur terre,
» Vous avez près de vous, pour escorter vos jours
» Et vous aimer encore, votre vieille grand'mère
» Et moi, pauvre petit, qui vous suivrai toujours ! »

C'était toi ! c'était toi ! toujours toi, pauvre fille,
Qui venais, m'apportant ton sublime tribut,
Comme l'ange béni de toute la famille,
Me dire d'espérer et de marcher au but.

Tu me disais : « Marchez, sans retourner la tête,
» Travaillez, grandissez, l'avenir est à vous,
» Le malheur vous fait homme, et si quelque tempête
» Vient pour vous assaillir, nous prirons à genoux !

» Nous prirons à genoux, disant à Dieu le Père .
» Prends nos parts de bonheur, mais aime cet enfant,
» Prépare pour sa vie un avenir prospère,
» Tiens-le toujours debout sur ton bras triomphant ! »

Dieu t'a-t-il entendu dans ce moment ? J'en doute !
Car j'ai passé ma vie à faire des adieux ;
Parvenu maintenant à moitié de ma route,
Je suis épouvanté quand je tourne les yeux ;

Je vois partout les traits de lugubres histoires
Estomper tristement l'horizon effacé,
Et je compte mes morts à toutes les croix noires
Qui marquent le chemin où mes pieds ont passé.

Nous avons bien souvent baisé ces croix funèbres
Près desquelles un jour la nôtre paraîtra,
Quand de nos corps couverts des suprêmes ténèbres
Pour s'incarner encor l'âme s'envolera.

La dernière, mon Dieu ! couvre la plus aimée,
Celle à côté de qui j'ai vécu préféré,
Du jour où par la mort ma mère réclamée
Me laissa dans ses bras ainsi qu'un legs sacré !

Pendant quinze ans, près d'elle et côtoyant sa vie,
Abrité, protégé, concentré dans son cœur,
J'ai vécu comme un fils ; sa tendresse asservie
N'avait pas de bonheur autre que mon bonheur !

Elle était ma grand'mère, et sa verte vieillesse,
Qu'elle savait porter comme un charme de plus,
Vivait paisiblement auprès de ma jeunesse
Et, sans peine, suivait mon flux et mon reflux.

Elle est morte à son tour, par un soir de septembre,
Pour me bénir encor réveillant sa raison,
Pendant qu'un prêtre noir, prosterné dans la chambre,
Murmurait à mi-voix la dernière oraison !

Là, je te vois, baisant d'une lèvre énervée
Cette main qui pendait sur un pâle coussin,
Atterrée, épuisée et comme soulevée
Par l'effort des sanglots qui déchiraient ton sein.

De ce jour tout fut mort ! Toi seule est demeurée
Pour témoigner encor de tous ceux qui m'ont fui,
Et pour me rappeler cette époque pleurée
Que rien ne pourra plus ranimer aujourd'hui.

C'est par toi seulement que je puis, à cette heure,
Retourner quelquefois dans mon passé lointain,
Et ta voix est pour moi la voix intérieure
Qui peut seule éveiller un souvenir certain.

Il me semble vraiment quand près de moi tu passes,
Avec ton pas pesant et ton front obscurci,
Que pour moi qui le vois, tu laisses sur tes traces
Quelque atome de ceux qui ne sont plus ici.

Aussi lorsque, plus tard, l'heure sera sonnée
Où tu devras marcher vers l'avenir obscur,
Et lorsque de ton corps l'âme désenchaînée
A son tour s'en ira vers le monde futur ;

Lorsque j'aurai fermé moi-même ta paupière,
Et clos dans le cercueil ton cœur qui m'aima tant,
Lorsque je te verrai t'en aller la dernière
Sur ce chemin où tout ce que j'aimais t'attend ;

Alors seul et pensif, dans mes sombres journées,
Ayant enfin cherché quelque ami complaisant
Qui retourne avec moi vers mes jeunes années,
Je resterai debout sur le seuil du présent,

Sans pouvoir éveiller, parmi l'indifférence,
Un seul bruit, souvenir de ce temps qui s'est tu ;
Sans pouvoir évoquer l'ombre de mon enfance,
Sans pouvoir seulement dire : Te souviens-tu ?

Car entre mon passé, que souvent je regrette,
Et le triste présent où mes jours sont liés,
C'était ta vieille voix qui servait d'interprète
Et qui leur redisait des mots presque oubliés !

Ta vie était, hélas ! pour moi comme une chaîne
Dont les anneaux joignaient tous mes jours écoulés,
De l'heure où j'ai pris rang dans la famille humaine,
Jusqu'aux instants présents avec les tiens mêlés.

Quand ces anneaux rompus par l'âge qui dévore
Auront, en se brisant, fait dans mes jours deux parts,
L'une de maintenant, toute vivante encore,
L'autre loin, et qu'à peine atteignent mes regards ;

Semblable au voyageur sur le bord d'un abîme
Qu'il ne peut traverser si le pont est cassé,
J'habiterai toujours le présent qui m'opprime
Sans pouvoir revenir aux rives du passé !

Mars 1851.

XVIII

LES NÉGRILLONS

Je ris lorsque je vois de pauvres imbéciles,
Des cœurs atrophiés et des cerveaux fossiles
T'insulter, ô Voltaire, et dire gravement
Qu'il faut jeter à bas ton large monument !

Je ris lorsque je vois ces brutes indociles
Chercher dans l'arsenal de leurs vieux ustensiles
Quelque bon mot usé, quelque lâche argument,
Que contre tes vigueurs ils lancent saintement !

Là-bas, vers le désert, j'ai vu dans mes voyages,
Lorsque le soleil mord sous un ciel sans nuages,
Quand la chaleur accable et quand tout est vermeil,

J'ai vu les négrillons de la Basse-Nubie,
Saisis de je ne sais quelle absurde lubie,
Lancer, pour le punir, des cailloux au soleil!

Novembre 1854.

XIX

SOUVENIR DU 15 MARS 1848

A EUGÈNE DUCLERC

Tout homme a dans sa vie une heure, une minute,
Qui peut le faire grand s'il sait la prévenir !
Il faut alors sans peur déployer dans la lutte
Sa bannière aussi haut que l'on peut la tenir !

Cette heure est précieuse, elle est vive, et dispute
Sa vie à l'homme qui voudrait la conquérir !
S'il ne la saisit pas, il va de chute en chute
Tomber comme un cadavre au fond de l'avenir !

Ami, je vous ai vu, dans un jour de colère,
Tenir tête tout seul au lion populaire
Et mater sa fureur par votre fermeté.

Soyez heureux et fier, vous avez eu votre heure !
Votre nom restera ; rien ne fera qu'il meure
Entre votre courage et votre probité !

Décembre 1851.

XX

MALÉDICTION

Puisque je ne peux dans ma vie
Me retourner sans voir cet homme que je hais,
Que mon ombre toujours par son ombre est suivie
Et que tant qu'il vivra je n'aurai point de paix !

Puisque je n'ai pas su l'écarter de ma route,
Que de près ou de loin je sens peser sur moi
Sa présence qui met tout mon cœur en déroute
Et jette mon âme en effroi !

Puisque la vie est ainsi faite,
Que je dois le subir vivant à mes côtés ;
Puisque son aspect seul est comme une défaite
Qui disperse à tout vent mes rêves attristés ;

Puisqu'en pensant à lui j'ai versé plus de larmes
Que sur le Golgotha Jésus n'en répandit ;
Puisque comme un vaincu je dois briser mes armes !...
    Qu'il meure donc et soit maudit !

    Qu'il soit maudit sur cette terre,
Que le soleil de Dieu n'éclaire plus ses jours ;
Qu'il ait faim, qu'il ait froid, qu'il ait peur et qu'il erre
Sans forces, sans ami, sans abri, sans secours !

Que son nom soit offert en risée à la foule ;
Que tout ce qu'il pourrait aimer, vouloir, rêver,
Commencer, désirer, chercher, tenter, s'écroule
    Pour ne jamais se relever !

    Que Dieu dresse sa main terrible
Pour frapper et frapper cet homme au cœur flétri ;
Que chaque jour lui soit un cauchemar horrible,
Dont il ne sortira que pleurant et meurtri !

Puisqu'il croit au néant, que le néant l'étreigne !
Comme un ballon crevé, que son nom dégonflé
Retombe pour jamais ; que sa gloire s'éteigne
    Comme un flambeau qu'on a soufflé !

    Que les haines que j'ai jurées,
Que mes maux, mes ennuis, mes tourments et mes pleurs
Remontent vers son cœur en sanglantes marées
Pour le noyer vivant dans un flot de douleurs !

Qu'on accueille en riant ses plates jongleries ;
Que nul autour de lui n'écoute plus sa voix ;
Qu'on arrache en raillant toutes ses broderies,
    Qu'on le soufflette avec ses croix !

    Quand viendra son heure dernière,
Qu'il soit seul, oublié, misérable et râlant,
Et que nul ne soit là pour clore sa paupière,
Qu'il meure comme un chien, baveux et pantelant !

Qu'il meure en appelant dans un effort suprême !
Que ses derniers appels soient emportés au vent ;
Qu'il meure épouvanté, tordu, suffoqué, blême
    Comme un homme enterré vivant !

Que dans sa prochaine existence
Il ait pour compagnons la faim et le malheur,
Et comme un patient qu'on mène à la potence
Qu'il soit toujours troublé, pâle et suant de peur !

●

Qu'il renaisse rongé par des lèpres hideuses,
Plus torturé que Job, plus brûlé que Satan ;
Que les chiens contre lui gonflent leurs voix grondeuses,
Que chacun lui dise : Va-t'en !

Que toujours sa douleur s'accroisse,
Qu'il tombe en sanglotant au coin de tout chemin ;
Qu'incessamment, toujours, à travers son angoisse,
Sans l'atteindre, il espère un meilleur lendemain !

De ses peines sans nom que rien ne le délivre !
Qu'on le chasse partout comme un honteux bandit !
Qu'il ait peur de mourir ! qu'il ait horreur de vivre !
Qu'il soit maudit ! qu'il soit maudit !

21 juin 1853.

XXI

APOSTASIE

A UN VIEILLARD

Vieillard! vous auriez pu demeurer honorable,
Vivre encor quelques jours, et, mourant honoré,
Vous en aller joyeux vers l'avenir durable
    En gardant un nom révéré!

Vous auriez pu, vivant votre modeste vie,
Cherchant avec ardeur la fin de vos travaux,
Faire par vos vertus taire à jamais l'envie,
    Et préparer les temps nouveaux!

Vous auriez pu, fidèle à nos chères pensées,
Nous montrer le chemin, et nous dire : « En avant !
» Les choses d'ici-bas ne sont pas dispersées
    » Comme des feuilles par le vent ! »

Vous auriez pu, restant solide, intact, auguste,
Entrer comme un soleil dans la postérité ;
Nous aurions dit alors : « Cet homme fut un juste ;
    » Que par tous il soit respecté ! »

Mais non, il faut hélas ! que sans foi, sans justice,
Lâchement, tristement, et sans faire un effort,
Sans se défendre, il faut que votre nom périsse
    Comme un vaisseau qui sombre au port !

Vous avez oublié le pacte d'alliance,
Et votre probité célébrée en tout lieu,
Et vous avez, hélas ! vendu votre croyance
    Comme Judas vendit son Dieu !

Tant de honte ! Pourquoi ? pour grossir vos sacoches,
Pour augmenter un peu vos bien-être derniers !
Nous avons entendu résonner dans vos poches
    L'or impur des trente deniers !

Eh! non! vous étiez riche! A ces coquineries
Quoi donc a pu pousser votre cœur incomplet?
C'est un ruban de plus, c'est quelques broderies
    Que l'on peut mettre à son collet!

C'est le besoin honteux d'avoir une âme vile,
C'est quelque lâche avis soufflé par le démon,
C'est l'erreur de penser qu'en devenant servile
    On agrandira son renom!

Aussi, dans le présent, et plus tard, dans l'histoire,
Malgré talent, sagesse, éloquence et raison,
Il flottera toujours près de votre mémoire
    Un nuage de trahison!

Quand le galérien a terminé sa peine,
Il ne peut, quoi qu'il fasse, arriver au rachat,
Car il porte toujours la trace de la chaîne
    Qu'il a traînée étant forçat!

    Août 1852.

XXII

LES TROIS CAVALIERS

A L. LAURENT-PICHAT

Autrefois j'ai connu trois jeunes cavaliers
　　Qui menaient hardiment la vie ;
Ils couraient les forêts, les champs et les halliers,
　　Dédaignant la route suivie,
Riant au nez des sots, jeunes, fiévreux, ardents,
　　Toujours en quête de pâtures,
　　Et grands amateurs d'aventures,
Car ils avaient l'amour au cœur, la faim aux dents !

Rien ne les séparait; ils étaient du même âge,
    Ils adoraient les mêmes dieux;
Et comme des oiseaux ayant même ramage
    Confondent leurs chants sous les cieux,
Ils confondaient aussi souvent leurs voix semblables
    Pour chanter aux hommes nouveaux
    Tous les rêves de leurs cerveaux;
Leurs liens d'amitié semblaient inébranlables.

Marchant du même pas sur le même chemin,
    Unis par une œuvre commune,
Ils allaient en avant et se donnaient la main,
    Sans grand souci de la fortune;
Aimant le beau, le vrai, le bien, l'amour et l'art,
    Sans cesse abreuvant leurs pensées
    Aux sources le plus haut placées,
Vers l'avenir fécond ils tournaient leur regard!

Ils voulurent un jour s'en aller à la guerre,
    Épée en main et lance au dos;
Ils laissèrent les champs qu'ils parcouraient naguère,
    Et sans redouter les fardeaux,
Ils se mirent au corps une armure à leur taille,
    Un casque reluisant au front,
    Et, sur un cheval jeune et prompt,
Ils partirent tous trois pour chercher la bataille!

Ce fut charmant d'abord ; on s'en allait gaiment
    Par les taillis et par les plaines,
Sous le grand ciel d'azur, chantant, rêvant, dormant
    Au fond des forêts d'ombre pleines !
On était intrépide, on avait des vigueurs
    A surpasser les Encelade,
    A prendre le ciel d'escalade !
Nul ne sentait en soi ni doute ni langueurs !

Ils parvinrent un soir en haut d'une montagne
    D'où l'on pouvait apercevoir
Dans la plaine voisine une armée en campagne
    Couvrant jusqu'à l'horizon noir ;
Les pennons déployés claquaient auprès des tentes ;
    Les clairons criaient dans la nuit,
    Les tambours battaient, et le bruit
Semblait une rumeur de hordes combattantes !

Les trois vaillants amis restèrent arrêtés
    Sentant augmenter leur audace,
Tournant tranquillement leurs yeux de tous côtés
    Pour mieux voir le péril en face.
Tout à coup l'un des trois, immobile, interdit,
    Pâle et la sueur au visage,
    Sur ses compagnons de voyage
Fixa ses yeux troublés par la peur et leur dit :

« Je suis las, j'ai grand froid ; continuez la route,
    » J'irai vous rejoindre plus tard ;
» Mon cheval ne vaut rien ; mon cœur est en déroute ;
    » Je vais me tenir à l'écart.
» Il semble que là-bas je vois beaucoup de monde ;
    » On va vouloir nous disputer
    » La voie, il nous faudra lutter,
» Il nous faudra franchir cette masse profonde !

» Je veux à vos périls demeurer étranger ;
    » On peut rester un galant homme
» Et savoir éviter les excès du danger !
    » Adieu ! je m'en vai faire un somme,
» Pendant que vous irez contre tous ces gens-là ! »
    Sans dire un mot, sans faire un signe,
    Les amis entrèrent en ligne ;
Le troisième tourna la bride et s'en alla !

Il s'en alla tout seul, sans retourner la tête,
    Pressant les flancs de son cheval,
De la haute montagne il descendit le faîte
    En galopant comme un chacal ;
Il passa les ravins, les forêts, les rivières
    Sans s'arrêter, toujours courant ;
    Et pour un travail aussi grand,
Longuement il dormit pendant des nuits entières.

Que sont-ils devenus les autres compagnons?
      Ils sont là-bas dans la mêlée,
Tous deux résolûment aux gueules des canons,
      A travers mitraille et volée;
Marchant sans peur parmi le tourbillon sanglant,
      Conduisant toujours leur bannière
      Dans la bataille meurtrière;
Pourtant plus d'une plaie ouvre déjà leur flanc!

Le troisième est chez lui, près de sa cheminée,
      Le ventre frais et les pieds chauds,
Faisant de longs repas après chaque journée,
      Et le soir lisant les journaux,
Pourtant lorsqu'il entend à travers sa fenêtre
      Quelque ouragan se déchaîner,
      Des voix qu'il ne peut dominer
Lui disent dans le cœur : « Où donc peuvent-ils être? »

Les deux reviendront-ils? hélas! on ne sait pas!
      La guerre n'est pas de l'escrime;
On est jeune et pourtant on meurt dans les combats!
      Qu'importe? chacun d'eux estime
Qu'il vaut mieux, tout meurtri, tomber parmi les morts,
      Hardiment, face découverte,
      Sans vie et la poitrine ouverte,
Que d'entendre parler la voix d'un seul remords!

      Février 1851.

XXIII

ASPIRATION

A UNE FEMME

Si je pouvais boire avec toi l'oubli
    De toutes les choses passées ;
Si je pouvais, de mon cœur affaibli,
    Arracher les sombres pensées ;

Si je pouvais étouffer pour toujours
    Les voix qui me parlent sans cesse,
Psalmodiant à travers nos amours
    Leurs notes pleines de tristesse !

Tous ces mots que d'autres t'ont dits,
Si je pouvais les ôter de ton âme !
Si je pouvais éteindre toute flamme
Dont d'autres ont brûlé jadis !

Ah ! je voudrais, renouvelant ta vie,
Te mettre un jour entre mes bras
Immaculée et pure à faire envie,
Et te dire en parlant tout bas :

« Écoute-moi, rien ici n'est prospère ;
» Tout se fane et meurt à son tour ;
» Tout ce qu'on aime et tout ce qu'on espère,
» Les rêves de nuit et de jour.

» Tout s'en va : la terre est mauvaise !
» Allons-nous-en dans le même baiser,
» Partons tous deux, et sans nous reposer,
» Pour le ciel, où l'on est à l'aise !

» Bien vite, allons demander au bon Dieu
» Un peu d'éternelle tendresse !
» Montons, montons vers le grand pays bleu,
» Où tout geste est une caresse !

» Mourons tous deux ! notre amour est trop grand
  » Pour pouvoir habiter la terre ;
» Ne perdons pas son parfum enivrant
  » Parmi ce monde délétère.

» Partons pour l'avenir béni !
» Dans l'infini, développons nos ailes ;
» Montons, montons aux sphères éternelles,
  » Où l'amour n'est jamais fini ! »

Smyrne, 1841.

XXIV

TRISTESSE

Tais-toi ! tais-toi ! mon cœur, et sanglote en silence !
Étanche ta blessure et ne la montre pas ;
Comme les flancs du Christ garde ton coup de lance ;
Baigne-toi dans ton sang en te plaignant tout bas !

Ne vas pas découvrir à cette lâche foule
Qui s'afflige et qui rit de tout en même temps,
La plaie à larges bords par où ton sang s'écoule
Entraînant avec lui ton rêve de trente ans !

Pleure en voyant passer l'ombre de ton enfance
Qui porte dans ses bras ton meilleur souvenir,
Quand tu battais joyeux en calculant d'avance
L'instant où ton ami allait enfin venir !

Pleure en voyant passer l'ombre de ta jeunesse
Qui te compte, à mi-voix, tes rêves avortés,
Quand tu croyais encore en sa sainte promesse
Que tes jours par les siens ne seraient pas quittés.

Pleure, mais ne va pas exposer aux outrages
Ce nom que tu rêvais si grand à l'horizon ;
Au dedans de toi-même amasse tes orages,
Seul et sans le haïr pleure sa trahison !

Tais-toi ! tais-toi ! mon cœur, et sanglote en silence !
Laisse s'évanouir ce fantôme endormi,
Il fallait bien savoir ce que dans la balance
Peut peser de douleurs l'abandon d'un ami !

XXV

SPES NON VANA

Parmi tous les trésors que Dieu tient dans sa main
Et qu'il jette parfois à travers le chemin
Où nous marchons courbés sous le poids de nos peines,
Ainsi que des forçats traînant aux pieds des chaînes ;

Parmi ce qu'on attend toujours le lendemain,
Parmi les passions, les amours et les haines,
Parmi tous les désirs dont nos âmes sont pleines,
Parmi tout ce que peut rêver l'esprit humain ;

Parmi tout ce qui manque à nos besoins sans nombre,
Parmi tout ce qui vient vers nous du sein de l'ombre
Comme des astres d'or dans un ciel tourmenté ;

Parmi ce que promet la voix incorruptible
De l'avenir prochain, ardent, imprescriptible,
C'est toi surtout que j'aime, ô sainte Liberté !

Décembre 1852.

XXVI

LUTHER

A ALFRED HÉDOUIN

Invideo quia quiescunt! — O Luther !
Quand tu disais ces mots en regardant des tombes
Sous de sombres cyprès où chantaient des colombes,
Tu proclamais le ciel et tu niais l'enfer !

D'un mot tu renversais le triste échafaudage
De tortures sans fin et de pâles terreurs
Que des hommes méchants et des prêtres menteurs
Depuis quinze cents ans bâtissaient d'âge en âge !

Tu poussais de ta main la porte d'or des cieux ;
Tu nous montrais de loin le repos qu'on envie,
Tu rassurais nos cœurs fatigués de la vie,
Tu jetais au néant le culte des faux dieux !

Tu sentis déborder d'amour ton âme pleine,
Et pendant cet instant de sublimes clartés
La larme qui tomba de tes yeux attristés
Éteignit à jamais les feux de la géhenne !

Nul ne fut plus maudit ni frappé sans retour ;
Nul ne fut plus en proie aux flammes vengeresses ;
Et tous, tristes pécheurs et blanches pécheresses,
Purent lever leurs bras vers un dieu plein d'amour !

Mai 1851.

XXVII

AVATARAS

A LOUIS JOURDAN

Je suis né voyageur ; je suis actif et maigre ;
J'ai, comme un Bédouin, le pied sec et cambré ;
Mes cheveux sont crépus ainsi que ceux d'un nègre,
Et par aucun soleil mon œil n'est altéré.

Aussi j'aime à dormir sans bandeaux et sans voiles,
Loin de toute maison, aux clartés des étoiles,

Sous l'azur infini de quelque ciel lointain,
Couché dans un désert immense, infranchissable,
    Sur un bon oreiller de sable,
Où m'éveille, en passant, la brise du matin.

Aussi j'aime à monter sur de blonds dromadaires,
A me sentir bercé par leur pas doux et lents ;
J'aime à suivre, en dehors des routes ordinaires,
Les vieux guides bronzés, drapés de burnous blancs.

Quand je puis remonter les fleuves magnifiques,
Et rafraîchir mon front dans leurs eaux pacifiques,
Mon esprit est alerte et mon cœur est joyeux ;
J'aime le vent du sud tout chargé de poussière,
    J'aime l'orient, la lumière,
Et les vautours chenus qui planent sous les cieux.

J'aime, du haut d'un tertre où grouillent les reptiles,
Près du pylône sombre où l'ibis est perché,
A voir se profiler les salles hypostyles
Où Cambyse et Rhamsès autrefois ont marché !

J'aime les minarets s'élançant des mosquées,
J'aime, au flanc des maisons, les fenêtres masquées

D'où, sans être aperçue, une femme peut voir ;
J'aime l'ardent soleil qui dore toutes choses,
    Et les troupes de flammants roses
Qui, près des grands lacs bleus, vont s'abattre le soir !

Aussi, dès que je peux m'éloigner de la France,
Dès que je peux quitter mes fers accoutumés,
Je pars, avec le cœur tout battant d'espérance,
Pour ces larges pays par le soleil aimés.

Et si je vais toujours, et sans que rien m'arrête,
Inquiet et rêveur, c'est que je suis en quête
Des pas que sur la terre autrefois j'ai laissés ;
Parmi les peuples morts et les races flétries,
    Je cherche les vieilles patries
Où dans les autres temps mes jours se sont passés.

J'habitai, je le sais, dans d'autres existences,
Ces pays radieux, et je suis convaincu
Que je sais retrouver, à travers les distances,
Les lieux mal oubliés où j'ai déjà vécu.

J'étais près de Nestor sur les bords du Scamandre ;
J'ai passé le Granique à côté d'Alexandre ;

J'ai pleuré de douleur quand il tua Clitus.
J'ai suivi Sésostris à travers ses conquêtes ;
    J'ai vu les prêtres, dans ses fêtes,
Sous ses pieds cerclés d'or répandre des lotus.

Avec les Chaldéens j'étudiai tout astre
Qui gravissait du ciel les chemins azurés ;
Dans l'Aderbaïdjan j'ai, près de Zoroastre,
Vu les Martichoras et les Izedhs sacrés.

Bien longtemps j'ai vécu dans la haute Nubie,
Vendant la poudre d'or aux marchands d'Arabie,
Adorant Ammonrha, Phta, Seweck, Anubis,
Maüt, dont j'ai porté la barque triomphale,
    Et Tafné léontocéphale,
Et le dieu trois fois grand, Thôt, à tête d'ibis.

Sur les bords de l'Indus et sur les hautes cimes
Des monts Hymalaya, j'ai vu parler Manou ;
J'écrivais saintement ses préceptes sublimes,
Assis à ses côtés, la tablette au genou.

Dans les bois du Thibet toujours blanchi de neige,
Un jour, j'ai vu passer un paisible cortége

D'hommes à manteau jaune, au front pâle et rasé ;
Ils suivaient lentement un jeune homme aux yeux caves,
    Qui disait des paroles graves :
C'était Bouddha, déjà presque divinisé.

En Grèce, j'ai marché dans les Panathénées,
Les pieds nus et le front orné d'agnus-castus ;
Souvent, à l'ombre assis, j'ai passé des journées
En écoutant Socrate aux bords de l'Illyssus.

Quelquefois, étendu sur des coussins d'Asie,
Au milieu des parfums, chez la blonde Aspasie,
Auprès de Périclès qui commentait Solon,
J'ai pu, refroidissant enfin de vieilles haines,
    Unir pour des danses sereines
Les flûtes de Bacchus aux lyres d'Apollon !

Plus tard, je m'en souviens, là-bas, en Samarie,
Sur le bord des grands lacs, dans les poudreux chemins,
J'ai suivi pas à pas Jésus, fils de Marie,
Et j'ai courbé mon front sous ses divines mains.

J'étais auprès de lui quand il a dit : « Lazare,
Lazare, lève-toi ! » J'ai vu le parfum rare

Que Madeleine en pleurs sur ses pieds répandit ;
Le peuple, autour de lui, montait comme une houle !
  Hélas ! j'étais parmi la foule
Quand il fut soufleté par un soldat maudit !

Aussi, depuis ce temps, je garde en mes pensées
Une haine que rien n'étouffera, je crois,
Pour ces puissants, tremblant de terreurs insensées,
Qui, pour se rassurer, mettent le Christ en croix !

Rien ne pourra calmer ma colère vivace ;
Maintenant et toujours je haïrai la race
Des sots Pharisiens, des traîtres hasardeux
Qui garrottent l'esprit, qui baillonnent l'idée,
  Qui toisent tout à leur coudée,
Qu'on les nomme Urbain huit ou bien Philippe deux !

J'ai combattu Manès, au temps des Sassanides,
Niant le dieu du mal de son dogme incomplet,
Et je lui dis : Tu mens ! quand aux foules avides
Il répétait : « C'est moi qui suis le Paraclet ! »

Je fus un des premiers qui crurent au Prophète,
Quand il nous raconta que Dieu lui faisait fête

Et lui dictait pour nous le Koran bienheureux ;
Rassuré près de lui, j'étais dans l'ombre terne
  De la merveilleuse caverne,
Quand une tourterelle y déposa ses œufs !

Ce sont ces souvenirs que dans mes longs voyages
Je m'en vais évoquer comme d'anciens amis ;
Ils s'élèvent pour moi du sein des paysages,
Je sais les réveiller quand ils sont endormis !

Je sens revivre alors mes jeunesses passées,
Mes amours d'autrefois, mes ardeurs effacées,
Mes croyances en Dieu que rien ne peut ternir ;
Je revois, je comprends les choses incertaines
  Qu'entourent des ombres lointaines,
Et voyant ce passé, je crois à l'avenir.

Ainsi, lorsque plus tard — ce temps viendra ! — la France
Dans l'oubli d'elle-même aura fermé les yeux,
Morte à tous, sans vigueur, sans foi, sans espérance,
Comme un soleil usé qui s'éteint dans les cieux ;

Quand les bois verdiront parmi nos champs incultes,
Quand nos temples détruits ne sauront plus leurs cultes,

Quand les fleuves auront englouti nos cités,
Quand tout sera fini ; quand nos palais superbes
    Dormiront cachés sous les herbes,
Et par les fauves loups seulement habités ;

Quand on ne saura plus les titres dont on nomme
Nos villes, nos châteaux, nos fleuves et nos ports ;
Quand on dira : Paris ! comme nous disons : Rome !
Quand le français sera le langage des morts ;

Lorsque l'on cherchera les traces indécises
De nos arcs triomphaux, de nos grandes églises ;
Quand des savants, venus d'un pays étranger,
Discuteront les mots trouvés sur une pierre
    Dans quelque antique cimetière,
Sous le pied des moutons que guidait un berger ;

Quand les peuples futurs auront dans l'Australie
Chanté l'hymne sacré des progrès éternels,
Qu'ils auront éclipsé la Grèce et l'Italie
Par leur science immense et leurs arts solennels ;

Quand l'homme, accomplissant ses saintes destinées,
Ayant puisé sa force au courant des années,

Aura compris enfin la pure liberté ;
Lorsqu'il sentira bien que Dieu vit dans son âme ;
    Lorsqu'il boira, comme un dictame,
Le breuvage divin de la fraternité ;

Alors je reviendrai, citoyen d'autres mondes,
Au pays attristant que j'habite aujourd'hui ;
Mes curiosités puissantes et profondes,
Peut-être, malgré moi, me mèneront vers lui.

Je reviendrai chercher sur les collines vertes,
Dans les longues forêts, par les plaines désertes,
A travers le chaos des débris entassés,
Parmi les monuments disparus sous les lierres,
    Sur le bord des grandes rivières,
Au milieu des monceaux par le temps amassés ;

Dans ce pays tombé sous ses décrépitudes,
Qui sera tant déchu qu'il aura pu déchoir,
Sous le ciel attristé des mornes solitudes,
Où les faucons pillards volent comme un point noir ;

Je reviendrai chercher les traces de la vie
Que je vis maintenant ; plein d'une ardente envie,

Comme un saint pèlerin j'irai dévotement
Vous adorer encor, restes mélancoliques,
    Plus précieux que des reliques
Qu'on baise prosterné, front bas, et longuement !

J'irai vous demander la suite de ces rêves
Que j'avais commencés quand j'étais parmi vous,
Et tous mes cris d'amour plus perçants que des glaives,
Et les mots éperdus que j'ai dits à genoux.

Vous me direz alors : « La vie est un problème
» Dont Dieu, dans sa grandeur, garde le mot suprême ;
» Tes rêves du passé sont devenus ta foi ;
» Celle à qui tu donnais toutes tes allégresses,
    » Dont tu savourais les tendresses,
» Ne la sens-tu donc pas, homme, qui vit en toi ? »

Boulainvilliers, juin 1831.

CHANTS DE LA MATIÈRE

A CHARLES LAMBERT

A vous que j'ai plaisir à proclamer mon maître,
A vous qui, le premier, m'apprîtes à connaître
Les éternelles voix qui dans tout l'univers
Chantent incessamment leurs immenses concerts,
A vous il appartient qu'aujourd'hui je dédie
Ces vers qu'a murmurés ma lèvre trop hardie
D'oser traduire ici, par des mots imparfaits,
Les chants de la matière expliquant ses hauts faits.

A chacun de ses chants quand j'ai prêté l'oreille,
M'arrêtant ébloui près de chaque merveille,
Hésitant, entraîné, revenant sur mes pas,
J'entendais le Passé qui me disait tout bas :

« Viens à moi, je suis beau ; rien encor ne m'égale ;
» A ton tour chante aussi ma marche triomphale !
» Raconte mes splendeurs, mes gloires et mes dieux,
» Reprends la vieille lyre à la main des aïeux,
» Invoque les neuf sœurs et, sur le mode antique,
» Le cœur tout débordant de fureur poétique,
» Regrettant la vertu des siècles effacés
» Chante les immortels et leurs travaux passés ! »

Je n'ai point écouté ces paroles menteuses
Qui voulaient me mener sur les routes douteuses
Où nul soleil ne luit ; mais j'ai tourné les yeux
Vers les hautes beautés de nos jours sérieux ;
J'ai vu que le Présent avait aussi des gloires
Qui valaient tous ces faits restés dans les mémoires
Comme de vieux tableaux accrochés à des murs,
Et qu'on admire encor parce qu'ils sont obscurs !
J'ai compris qu'il fallait qu'à son tour le poëte
Chantât ce qu'il voyait, et se fît l'interprète
Des efforts surhumains qu'enfantent nos cerveaux
Pour rapprocher de nous l'espoir des temps nouveaux !

C'est ce chant-là, guetté de loin par l'anathème,
Que je vous offre ici ; car il est le poëme
Du travail incessant et du progrès humain,
De l'espoir qui conduit les hommes par la main ;
Du pacifique effort qui grandira notre âge
En détruisant la faim, la guerre et l'esclavage ;
Et des forces que Dieu ne cesse de bénir
Où dort la liberté promise à l'avenir !

Janvier 1855.

I

LA VAPEUR

1

Je suis jeune et pourtant si belle
Que chacun m'adore à genoux;
Et nul ne peut être rebelle,
A mon souffle puissant et doux,
Car je suis la Vapeur immense!
L'avenir m'escompte ses jours,
Avec le siècle je commence
Et j'irai m'accroissant toujours!

C'est moi! moi! la moderne fée,
Qu'on attendait depuis longtemps,
Et qui donne à chaque bouffée,
Des prodiges omnipotents!
J'agrandis, j'augmente, je change;
Par moi les plus forts sont aidés;
Et je prends l'or dans tout mélange
Mieux que des Flamels possédés!

Je renouvellerai le monde,
Sans l'éveiller de mon effort;
Je porte en ma force féconde
De quoi tuer plus tard la mort!
Le rêve envié d'Archimède
Par moi sera réalisé,
Et je soulèverai sans aide
Notre globe fertilisé!

Voyez déjà toutes mes œuvres,
Voyez jusqu'où va mon essor,
Voyez mes ardeurs, mes manœuvres,
Et pourtant je bégaye encor;
Je nais à peine et suis débile;
Pour prendre rang j'attends mon tour;
Mais, ainsi qu'un géant habile,
Je grandis de cent pieds par jour!

Voyez déjà dans les usines,
Je soulève les lourds marteaux,
Mon souffle anime les machines,
Mon bras tourmente les étaux ;
Les grands poids ne sont que des plumes
Dont se rit ma vigueur d'airain,
Et seule je bats plus d'enclumes
Que les Cyclopes de Vulcain !

Je descends dans le gouffre sombre
Où l'ouvrier pâle et chétif
Travaille enseveli dans l'ombre
En cherchant le filon furtif ;
J'enlève des roches entières
Afin d'élargir vos chemins,
Et je détourne les rivières
Pour les jeter sur vos moulins.

Contre vent, tempête et marée
C'est moi qui pousse vos vaisseaux ;
Quand la bourasque exaspérée
Courbe, ainsi que des arbrisseaux,
Les mâts de vos plus grands navires,
Je vais bondissant sur les flots,
Pleine d'ardeur et de sourires,
Aux chansons de vos matelots !

Sur les larges mers où je glisse,
Au-dessus des rouges coraux,
En faisant tournoyer l'hélice,
Je regarde, à travers les eaux,
Les baleines à la peau noire
Et les requins en désarroi,
Que, malgré leurs coups de nageoire,
Je laisse loin derrière moi !

Lâchez sans harnais, sans entraves,
Les étalons de vos haras,
Les plus vites et les plus braves !
Ils seront tous tombés à bas
Que rapide, folle, fumante,
Pleine de flammes et de feux,
Bouillonnante, ardente, écumante,
Je serai déjà bien loin d'eux !

J'emporte dans une journée
Plus d'hommes et plus de fardeaux
Qu'autrefois, dans toute une année,
Voitures, postes et chevaux
N'en pouvaient traîner sur les routes !
Qui ne rirait de leurs efforts ?
La vie est pleine de déroutes !
C'est notre tour ! adieux les morts'

Pour les gigantesques ouvrages
Et pour les travaux effrayants,
J'ai des cris comme les orages
Et des battements foudroyants :
Mais lorsqu'une œuvre délicate
M'est donnée à développer,
Alors, j'ai des douceurs de chatte
Et je caresse sans frapper !

J'ai débarrassé vos faiblesses
De tous les plus rudes travaux ;
A chacune de vos richesses
Je fais porter des fruits nouveaux
Je suis la grande auxiliaire
De tout ce qui souffre ici-bas ;
Je suis la borne miliaire,
O progrès, d'où tu partiras !

Je sens dans ma large poitrine
L'avenir entrer chaque jour ;
Par moi la volonté divine
Établira l'œuvre d'amour ;
Par moi les hommes seront frères,
Ce que Dieu veut, je le ferai !
Les pauvretés et les misères,
C'est moi, c'est moi qui les tûrai !

II

Dans les temps écoulés, chez les peuples incultes,
Le canon qui naissait tua les catapultes,
    C'est moi qui tûrai les canons ;
Ma voix fera cesser les clameurs de bataille,
Je pulvériserai les forts de haute taille,
Et des remparts fameux j'effacerai les noms !

Un jour je détruirai les sanglantes mêlées,
Inutiles, sans foi, sans but, échevelées,
    Qui jettent en sombre monceau
Les meilleurs d'entre vous ; qui prennent à mes gloires,
Afin de les jeter aux stériles victoires,
Les bras nus qui devraient agrandir mon berceau !

Si cette force aveugle et bonne pour détruire,
Qui pousse incessamment empire sur empire,
    Vers moi venait loyalement,
Si, loin de tout briser, elle apportait en aide
La vigueur qui l'emporte et l'ardeur qui l'excède
Aux souffrances sans nom de mon enfantement !

Si, comprenant enfin que les luttes impies
Doivent dans le passé demeurer assoupies
  Et s'évanouir à toujours,
La guerre s'apaisait et mettait bas les armes ;
Si, des yeux maternels séchant enfin les larmes,
Elle taisait sa voix et crevait ses tambours ;

Si la GUERRE, en un mot, devenait l'INDUSTRIE ;
Si l'homme, plus heureux, n'avait d'autre patrie
  Que la paisible Humanité ;
S'il venait applaudir aux concours magnifiques
Que tiendraient librement les peuples pacifiques,
En parlant de bonheur, d'amour, de charité !

Vous me verriez alors, développant mes ailes,
Monter, géant hardi, vers des splendeurs nouvelles,
  Vous verriez mon rayonnement,
Comme un soleil immense, illuminer la terre,
Et par delà des cieux porter de sphère en sphère
L'ardeur, la foi, la joie et l'affranchissement !

Alors — fais, ô mon Dieu, que ce moment arrive ! —
J'irai joyeusement, marchant de rive en rive,
  Et semant à profusion
Dans les champs cultivés, sur les terres en friches
Chez les pauvres honteux, dans la maison des riches,
Des germes bienheureux de consolation.

Dieu n'a pas réservé pour une œuvre faillible
Les secrets merveilleux de ma force invincible;
    Mais il a voulu que je sois
La fin de tout malheur et de toute épouvante,
Et qu'à l'homme je donne, un jour, la loi vivante,
Dernier mot de Celui qui mourut sur la croix !

La terre suffit-elle à vos pas de pygmées?...
Devant vous j'ouvrirai les barrières fermées,
    Que nul encor n'a pu franchir ;
Mes jeunes travailleurs, portés sur mes nuages,
S'en iront au delà des plus lointaines plages
Chercher joyeusement le monde à découvrir.

Ils iront à travers les déserts de l'Afrique,
Dans le centre inconnu du pays chimérique
    Où la girafe et l'éléphant
S'en vont boire la nuit au flot pur des fontaines
Qui réflètent en paix l'éclat des nuits sereines
Et semblent respirer loin du jour étouffant ;

Ils iront découvrir les étranges contrées
Qu'on ne connut jamais, que nul n'a pénétrées,
    Qui sont comme un problème obscur
Dont nul n'a jamais pu trouver le mot suprême,
Et qui restent là-bas, ainsi qu'un vaste emblème
D'un bonheur à venir et du monde futur !

Ils iront naviguer parmi ces mers terribles
Que garde le rempart des glaces impassibles,
    Morne prison des matelots
Qui rêvent de forcer ces sinistres passages
Où des nuits de six mois pleines de longs orages,
Éparpillent les bricks sans remuer les flots !

Ils iront sans pâlir porter leurs héroïsmes
Dans l'univers entier ; ils perceront les isthmes
    De Suez et de Panama ;
A travers les déserts de la jaune Arabie,
Ils uniront bientôt l'Inde avec la Nubie,
Le pays d'Orisis et celui de Brahma !

Ils iront promener au fond des mers profondes
Leurs curiosités ardentes et fécondes,
    Et parmi les varechs salés
Ils iront détacher la perle purpurine,
Sans que jamais l'air pur défaille à leur poitrine
Sous le poids accablant des flots amoncelés.

Ils sauront se guider à travers les espaces,
Sous le ciel sans limite, et poursuivront les traces
    Des étoiles aux grands yeux d'or !
L'Océan m'appartient et j'ai dompté les ondes,
Je dompterai l'éther, et j'irai vers les mondes
Que l'on pressent déjà mais que l'on cherche encor !

L'avenir est à moi! toutes les grandes choses,
Tout le bien, tout le bon, les effets et les causes,
    C'est moi qui les découvrirai ;
Sans mal je mènerai votre être perfectible,
De grandeur en grandeur, aux bornes du possible ;
Ce que je suis vous dit ce qu'un jour je serai.

Ainsi que le soleil dans les fables antiques
Parcourait, conduisant ses coursiers athlétiques,
    La route qu'il devait fournir,
De même je conduis le progrès ineffable,
Le progrès immortel, le progrès secourable
Que traîne en galopant le char de l'avenir !

Sur ce char éclatant de joie et de lumière
Qui toujours roulera dans l'ardente carrière
    Dont le champ est l'Éternité ;
Que rien ne domptera, ni Satan, ni Dieu même,
Car il ne peut vouloir arrêter ce qu'il aime,
Un jour, viendra s'asseoir la blanche Liberté !

Je la promènerai, charmante et sans entraves,
Délivrant d'un regard tous les peuples esclaves,
    Du ponent jusqu'à l'orient,
Et chacun sentira, jusqu'au fond de son âme,
La Vertu l'échauffer comme une sainte flamme,
Rien qu'à la regarder passer en souriant !

Je m'en vais appelant à mes splendeurs sans nombre
Ceux qui dorment encor enfouis dans leur ombre,
    Et que de tous côtés je vois
Se lever étonnés de ce grand bruit qui passe,
Et qui restent debout écoutant vers l'espace
Les encouragements que leur jette ma voix.

I.

    Ma voix qui traverse la nue
    Et qui se perd sous le ciel bleu,
    De tout peuple est déjà connue,
    Comme un écho des voix de Dieu ;
    Dans ses notes elle recèle
    Un germe qui sera fécond :
    La grande langue universelle
    Que tous les hommes parleront !

    Je ne reste pas isolée
    Lorsque je parle à l'univers,
    Et plus d'une voix s'est mêlée
    A mes magnifiques concerts ;

Écoutez-les ces voix amies,
Qui ne chantent que pour bénir,
Disant aux races endormies!
De s'éveiller pour l'avenir !

Écoutez! c'est le Chloroforme
Qui dit : « J'ai tué la douleur ;
» Pendant que l'instrument difforme
» Taille les chairs avec lenteur,
» Je prends l'esprit et je l'enlève
» Loin du noir grabat douloureux,
» Et je l'emporte, comme un rêve,
» Dans le pays des songes bleus! »

Écoutez, c'est ma sœur jumelle,
C'est ma sœur l'Électricité
Qui vole et passe d'un coup d'aile
Au travers de l'immensité.
Elle passe comme un orage,
En criant son nom sous les cieux,
Et laisse loin dans le nuage
La vieille Iris des anciens dieux !

Pacifique enfant du tonnerre,
Hier elle dormait encor ;
C'est l'invisible messagère
Que rien n'arrête en son essor;

Nageant au sein des mers profondes,
Bravant péril, orage, écueil,
Elle galope sur les mondes
Et les traverse en un clin d'œil !

Écoutez ! c'est le Gaz agile
Qui dit sur sa tige de fer :
« Gardez vos mèches et votre huile,
» Je sais brûler tout seul dans l'air !
» Au lieu d'éclater dans les mines
» En mortelles brutalités,
» Je sors brillant de mes usines
» Comme un flot de pures clartés !

» Je transforme vos nuits brumeuses,
» En un jour élégant et vif ;
» Rien n'éteint mes flammes joyeuses,
» Je suis un feu follet captif ;
» Mes regards ne sont jamais ternes,
» Je suis jeune, blond et vermeil,
» Et je parais dans mes lanternes
» Beau comme un rayon du soleil ! »

Écoutez la Photographie
Qui parle et réclame son tour :
« Tous les crayons, je les défie !
» Et mon seul maître c'est le jour !

» Je viens en aide à la peinture !
» Peintres qui courez les chemins
» Je m'empare de la nature
» Et je la mets entre vos mains ! »

Et puis mille autres voix encore
Que l'avenir doit centupler,
Et j'entends sous le ciel sonore
Leurs promesses s'accumuler ;
Ainsi que le flot des marées
Qui monte en disant sa chanson,
J'entends, j'entends ces voix sacrées
Qui murmurent à l'horizon :

« Sur les hauteurs de l'Empyrée
» Tous les dieux sont morts à jamais ;
» Leur vieille race est expirée,
» A nous de régner désormais !
» A nous le ciel, la terre et l'onde,
» A nous la flamme des cerveaux,
» A nous la nature profonde,
» Car nous sommes les dieux nouveaux !

» Nous centuplons les sens de l'homme,
» Et l'Éden lui sera rendu :
» Sans péché qu'il morde à la pomme
» Qui brille à l'arbre défendu.

» A cet arbre de la science
» Qu'il se nourisse nuit et jour ;
» Qu'il apprenne avec confiance
» A vivre de joie et d'amour !

» Nous le poussons sur cette route
» Qu'on voit là-bas dans le lointain,
» Vers le pays où meurt le Doute,
» Où germe le Bonheur certain !
» Arrivés enfin sans blessure
» Dans ce pays qu'on cherche encor,
» Nous ouvrirons d'une main sûre
» Les deux portes de l'âge d'or ! »

Octobre 1851.

II

LA FAULX

Je suis la faulx, la faulx agile ;
Je me promène par les prés,
Abattant la tête mobile
Des faisceaux d'herbes diaprés ;
Je coupe les vertes aigrettes
De l'avoine à l'épi changeant,
Et les petites pâquerettes
Au cœur d'or couronné d'argent.

Mon maître, toute la semaine,
— C'est un habile moissonneur, —
Me lance en cercle et me ramène
En causant avec le faneur ;
Jamais le travail ne l'étonne,
Jamais je ne lasse son bras ;
Il chante un refrain monotone
Qui se cadence sur ses pas !

La sueur mouille sa poitrine ;
Parfois il s'arrête un moment
Pour humer l'air, de sa narine,
Et pour respirer largement ;
Puis il se remet à sa tâche,
Et, me serrant entre ses poings,
Il me fait marcher sans relâche
A travers l'épaisseur des foins !

Le dimanche, je me repose
Près des râteaux aux crocs pointus,
Nous bavardons de toute chose
Contre la muraille abattus ;
Et le lendemain, dans les herbes,
Lentement nous nous en allons
Couper et ramasser des gerbes
Pour les robustes étalons.

J'aime surtout, dans les prairies,
A voir les vaillants taureaux roux
Marcher sur les plantes fleuries
De leur pas sérieux et doux,
Pendant que les bergeronnettes
Sautillent auprès des ruisseaux
Et que l'on entend les rainettes
Qui coassent dans les roseaux !

Tous les ans, j'ai mon jour de fête,
Lorsque vient le temps des moissons !
On en perdrait presque la tête ;
On n'entend que cris et chansons !
La faulx, la fourche, la faucille
Se démènent bien ce jour-là ;
C'est notre fête de famille,
Notre fête de grand gala !

Mon fer a des forces nouvelles,
Et scintille avec des rayons,
Pour faucher les hautes javelles
Et les coucher sur les sillons !
Je me réjouis dans mon âme,
Pour ceux qui souffrent de la faim,
Quand je vois tomber sous ma lame
Le bon blé dont on fait du pain.

Mais quelquefois or me démanche,
Par là-bas, du côté du nord;
Je brille alors féroce et blanche,
Et je tressaille aux cris de mort ;
Mon fer abat plus d'une lance,
Plus d'un sabre craint mon croissant ;
Je fauche pour l'indépendance
Et je deviens rouge de sang !

Je su's l'arme de la souffrance
Et je défends les malheureux ;
J'ai bien jacqué jadis en France !
J'étais parmi les valeureux !
J'intervenais dans les querelles !
On n'avait pas besoin d'airain
Pour ouvrir la brèche aux tourelles !
Jacques Bonhomme allait bon train !

Et si jamais l'on m'interroge,
Et si l'on veut savoir pourquoi
Voilà qu'aujourd'hui je m'arroge
Le droit de vous parler de moi ;
Si l'on croit que j'ai trop d'audace
De demander bien hautement
Que l'on me donne enfin ma place,
Je répondrai tranquillement :

» C'est moi qui coupe pour vos tables
» Le doux froment par Dieu béni;
» Je coupe aussi, pour vos étables,
» L'herbe drue et le foin jauni.
» Je vous ai prêté mes colères
» Dans vos jours de calamité,
» J'ai protégé bien des misères
» Et défendu la liberté ! »

Boulainvilliers, août 1851.

III

LA BOBINE

Près de la rivière à cascade
A laquelle chaque estacade
Sert de tourbillonnants relais ;
Au milieu des vertes prairies,
Parmi les luzernes fleuries,
On a bâti mon grand palais ;

Mon palais aux mille fenêtres,
Mon palais aux vignes champêtres

Qui rampent des murs jusqu'aux toits ;
Mon palais où sans repos chante
La roue agile et mugissante,
La roue à l'éclatante voix !

La roue est ma chère maîtresse ;
C'est par sa force qui me presse
Que je tourne matin et soir
Sur mon grand chariot de chêne,
Attirant et tordant la laine
Qui frémit sur le dévidoir.

Comme les Elphes de Norwège
Qui, sans fin, valsent sur la neige,
Fuyant l'esprit qui les poursuit,
Je tourne, je tourne, je tourne !
Jamais en paix je ne séjourne !
Je tourne le jour et la nuit !

Près de moi travaillent les cardes,
Infatigables et criardes,
Qui mordent de leurs dents d'acier
Les flocons de laine salie,
Et la rendent blanche et polie
Comme les neiges d'un glacier.

Notre ouvrier chante à tue-tête;
La carde crie et fait tempête,
Moi, je bruis sur mon rouleau ;
Notre chariot grince et roule,
Et la roue, ainsi qu'une houle,
Mugit en faisant jaillir l'eau.

C'est un bruit à ne pas s'entendre !
Ce bruit tâchez de le comprendre,
Car il est plein d'enseignements,
Et nous murmurons bien des choses
Qui, pour les oreilles non closes,
Président nos avénements.

Nous disons de nos voix actives :
« C'est par nos besognes hâtives,
» Par nos efforts, par nos travaux,
» Par nos bonds de chaque minute,
» C'est en cardant la laine brute,
» C'est en tordant les écheveaux,

» C'est en travaillant, intrépides,
» C'est en faisant nos tours rapides

» Sur nos longues tiges de fer,
» Que le peuple, aux vertus augustes,
» Peut couvrir ses membres robustes
» Et n'a plus froid pendant l'hiver.

» Plus on produit, plus on consomme :
» Il n'est maintenant si pauvre homme
» Qui, grâce à nous, ne puisse enfin
» S'habiller des pieds à la tête,
» Et mettre pour les jours de fête
» Quelque bel habit de drap fin.

» C'étaient jadis de vieilles femmes
» Qui, devant un foyer sans flammes,
» Filaient à la pâle clarté
» D'une chandelle presque morte
» Que le vent, passant sous la porte,
» Faisait couler de tout côté.

» Nous en faisons plus en une heure,
» — Et notre besogne est meilleure, —
» Qu'elles n'en faisaient en un mois,
» A travailler sans fin ni cesse ;
» D'un seul tour je fais, sans prouesse,
» Plus que l'œuvre de leurs dix doigts !

» Les quenouilles sont bien usées ;
» Il faut les mettre en des musées,
» Comme un objet d'amusement ;
» Les fuseaux sont vieilles chimères,
» Bonnes au plus pour des grand'mères
» Où pour la Belle au bois dormant ! »

Octobre 1834.

IV

LA LOCOMOTIVE

Voici le soir de la journée !
Puisque j'ai fini ma tournée
Et que ma tâche est terminée,
Je vais aller jusqu'à demain
Dans ma large remise en fonte,
Reposer, moi que rien ne dompte,
Mes grands membres de mastodonte,
Mes membres de fer et d'airain.

Je suis partie avant l'aurore,
J'ai galopé jusqu'à la nuit ;
De mes rudes flancs, chauds encore
De tout le feu que je dévore,
J'entends la vapeur qui s'enfuit
Et qui s'éparpille à grand bruit.

Qu'elle parte en légers nuages
Pour continuer ses voyages,
Et qu'elle se mêle aux orages
Qui s'amassent à l'horizon ;
Ou que, par l'air frais condensée,
Et sur la brise balancée,
Comme une rosée empressée
Elle aille emperler le gazon !

Je voudrais m'en aller comme elle
Et prendre ma course sans fin ;
Je souffre, à tout repos rebelle ;
Je demande que l'on m'attèle
A mes wagons ! Quand donc, enfin,
Me lancerai-je en mon chemin ?

Lorsque je cours rien ne m'arrête,
Que ce soit calme ou bien tempête,

Que le ciel crève sur ma tête,
Qu'il soit pur à l'horizon bleu ;
Je vais toujours, rien ne m'étonne.
Qu'il pleuve, qu'il grêle ou qu'il tonne,
Je fais, dans mon corps qui bouillonne,
Plus de bruit que le ciel en feu !

Parfois je suis dans mes colères !
Je pousse alors par mes naseaux
Plus de flammes que les cratères !
Et villages, arbres, barrières,
Viaducs aux larges arceaux,
Je brise tout comme roseaux !

J'enjambe coteaux et vallées ;
Mes chemins ? ce sont des allées
Qu'avec du fer on a dallées ;
On éventre pour moi les monts :
On a jeté sur les rivières
De gigantesques ponts de pierres
Où nous passons vives et fières,
Et qui sont franchis en trois bonds !

Ainsi que sous un vent d'orage
Lorsque j'apparais en courant,
L'arbre se courbe à mon passage ;
Derrière moi, comme un sillage,

Je laisse un sentier fulgurant,
Et je mugis en respirant !

Voyez ces chevaux aux cœurs fades,
Qui s'arrêtent froids et malades
Pour de minces estafilades,
Et qui se trouvent tout transis
S'ils n'ont des docteurs débonnaires
Qui leur donnent des vulnéraires !
Moi, moi ! j'ai pour vétérinaires
Des forgerons aux bras noircis !

Lorsqu'à mes flancs j'ai des entailles
Et que je rentre tristement
Comme revenant des batailles,
Avec de grands trous aux entrailles,
A coups de marteau, lestement,
On me fait un bon pansement !

Pas d'effroi que l'on ne ressente
En me voyant aussi puissante ;
Pourtant, je suis obéissante ;
Devant l'homme mon cœur s'émeut ;
De mes vigueurs il est le maître,
Sur mon dos il n'a qu'à paraître,
Et, comme un dévot à son prêtre,
J'obéis à tout ce qu'il veut.

Je suis le corps dont il est l'âme ;
J'ai beau faire tous mes fracas
Et j'ai beau vomir de la flamme,
Je suis faible comme une femme
Et je suis humblement ses pas,
Quand il me touche de son bras !

Car je suis l'instrument qu'il aime,
Car je suis sa force suprême,
Et je me ris du poltron blême
Qui me croit un épouvantail !
Sainte, un jour, je serai nommée ;
Ma puante et sombre fumée
Vaut plus que la brise embaumée,
Car c'est le parfum du travail !

Le parfum qui près de Dieu monte
Et qui lui dit : « Je viens à toi !
» L'homme veut que je te raconte
» Que de ton amour il tient compte,
» Qu'il cherche à vivre dans ta loi,
» Et qu'il travaille et qu'il a foi !

» L'homme sait bien, ô notre Père,
» Que tout ce qui pense, aime, espère,
» Vivra dans l'avenir prospère,
» Près de toi qui souffres en nous !

» Tu portes avec nous la tâche ;
» Il vaut mieux, pour qui n'est pas lâche,
» Travailler, bras nus, sans relâche,
» Que de te prier à genoux !

» Car le travail vaut la prière :
» Toute œuvre te prie, ô Seigneur !
» L'outil est un bon bréviaire ;
» C'est le meilleur auxiliaire
» Pour t'approcher ; et la vapeur
» Est l'encens qui plaît à ton cœur ! »

Ainsi parlent mes flots agiles !
Pourtant, de pauvres imbéciles,
Tremblants dans leurs peaux inutiles,
Ont découvert, un beau matin,
Que c'était l'Esprit des ténèbres
Qui, pour ses manœuvres funèbres,
Avait agencé mes vertèbres
Et soufflé la vie en mon sein !

Non ! non ! je suis la délivrance ;
Je porte les rédemptions !
Mes flancs sont remplis d'espérance,
C'est moi qui tûrai la souffrance
Parmi les générations,
Et j'unirai les nations !

Je démolirai les barrières
Qu'on élève sur les frontières,
Et je comblerai les ornières
Où chaque peuple dort encor;
Les progrès me servent d'escortes,
Et quand je veux ouvrir les portes
Les plus solides, les plus fortes,
Mieux qu'un Dieu je fais pleuvoir l'or !

De moi jaillira l'étincelle
Qui doit éclairer l'avenir ;
Il faut que de mes flancs ruissèle,
Comme un fleuve que rien ne cèle
Et que nul ne pourra tarir,
La grande paix prête à bénir !

Dans son pays nul n'est prophète ;
Je le sais, aussi je m'apprête
A ne voir célébrer ma fête
Que dans longtemps, dans bien longtemps !
Car, hélas! vos âmes têtues
Par tout progrès sont abattues !
— Vous me dresseriez des statues,
Si j'avais quatre ou cinq mille ans !

Boulainvilliers, août 1854.

V

LE SAC D'ARGENT

Je suis le Sac d'argent ! ma vie
Est en butte à mille périls ;
Les longs doigts crochus de l'Envie
Me déchirent, vifs et subtils !
On me guette, on me vole, on m'offre
Des retraites dans chaque coffre ;
On me veut à tout prix ! Pourtant,
Je n'entends que cris et tempête ;
Le monde dit que je suis bête,
Et l'on m'adore en m'insultant.

Écoutez! il faut que je dise
Enfin ce que j'ai sur le cœur ;
On m'accuse de couardise,
On dit que je suis sans pudeur !
On dit que mon pouvoir injuste
Va toujours vers le plus robuste
Porter d'inutiles renforts ;
On dit que, mortel par essence,
J'éteins vite l'intelligence
Et que j'affaiblis les plus forts !

On dit que faux, perfide et lâche,
Je mens sans jamais me lasser
Et que loin d'accomplir ma tâche
Je ne pense qu'à m'engraisser !
On dit que je tiens lieu d'audace,
De vertu, d'honneur et de race ;
On dit que j'achète la foi !
On dit que ma voix meurtrière
Couvre celle de la misère
Qui sanglote à côté de moi.

Je ne sais ce qu'on dit encore !
Ça s'appelle des vérités !
Et dans ma honte je dévore
Bien des affronts immérités !

Pas d'injures et pas de boue
Que l'on ne jette sur ma joue,
Pour la venir baiser après !
Ces choses méchantes et bêtes,
Croyez-vous, quand je les ai faites,
Croyez-vous que ce soit exprès?

Hélas ! non ; ce n'est pas ma faute.
Suis-je seul coupable ici-bas?
Je suis faible et je suis votre hôte,
Pourquoi ne me guidez-vous pas?
Pourquoi, sous des lois si terribles
Qu'elles en sont souvent risibles,
M'avez-vous si bien terrassé,
Que, malgré mes efforts sans nombre,
Je doive suivre à travers l'ombre
Le sot chemin qu'on m'a tracé ?

Pourquoi m'accuser sans m'entendre?
Avant tout délivrez-moi donc!
Et, libre alors de me défendre,
Vous me verrez large et fécond!
Mais maintenant dans l'esclavage
Et traité comme un dieu sauvage

Qu'on bat et qu'on prie à genoux,
Que voulez-vous donc que je fasse?
Je ne peux que vous dire en face :
Mais de quel droit m'accusez-vous?

Vous êtes les premiers coupables,
Vous seuls êtes méchants et fous,
Ce sont vos rêves détestables
Qui jettent la haine entre nous !
Dès qu'un bruit passe sur vos têtes
Vous maudissez les trouble-fêtes
Et vous courez pour m'emporter
Dans de tristes et froides caves
Où de sales Juifs aux yeux caves
Passent leur temps à me compter !

Croyez-moi ! je lutte et je souffre,
Et je vis trempé dans les pleurs;
Votre géhenne a moins de soufre
Que mon esprit n'a de douleurs !
Souvent je regrette ma geôle
Lorsque, pour quelque infâme rôle,
On me passe de main en main;
Quand, pour une lâche équipée,
Comme un voleur à la pipée,
On m'embusque sur un chemin !

Ah ! si jamais je suis mon maître
Pendant une heure seulement,
Alors je vous ferai connaître
Ce que je suis réellement.
Ne jugez jamais un esclave
Pris et brisé dans son entrave,
Enchaîné des mains et des piés,
Comme ceux qui vont sans rien craindre,
Sans hésiter, sans se contraindre,
Sur leur seule force appuyés !

Si j'étais libre de ces gardes
Qui m'emprisonnent jour et nuit,
J'irais, j'irais dans les mansardes
Où l'on souffre et pleure sans bruit ;
J'irais donner aux jeunes mères
Qui versent des larmes amères
En pressant leur mamelle en vain,
Toutes les choses délectables ;
Je me répandrais sur leurs tables
En m'écriant : N'ayez plus faim !

J'irais au peintre qui grelotte
A côté de son poêle éteint,
Et que la misère ballotte
Loin du port que son rêve atteint !

Je lui dirais : Faites des toiles
Plus brillantes que les étoiles
Et plus larges que le ciel bleu !
Il faut des palais et des marbres,
De beaux pays et de grands arbres,
Pour mettre à l'aise votre Dieu !

Hélas ! si j'avais été libre,
Comme je les aurais sauvés
Ceux qui sombrant sans équilibre,
Affamés, pâles, énervés,
Rimant leur dernière souffrance,
Sans pain, sans feu, sans espérance,
Luttant contre le sort fatal,
Ont roulé, vaillantes victimes,
Jusqu'au fond des mornes abîmes
Et sont morts dans un hôpital !

Au penseur sérieux et blême
Qui veille le front dans sa main,
En travaillant au grand problème
De rendre heureux le genre humain,
Je dirais : Voici mes richesses ;
Prends-les et fais-en des largesses ;

Donne-les sans regret ni peur!
Prends-moi, jette-moi sur le monde,
Pour que ma semence féconde
Fasse enfin germer le bonheur!

A l'aventureux dont le rêve
S'en va dans les pays lointains,
De port en port, de grève en grève,
Vers les grands déserts incertains,
Je dirais : Partons en voyage,
Commençons le pèlerinage
Dont je serai le compagnon;
Courageux, ardents et tranquilles,
Allons chercher peuples et villes
Dont on ignore encor le nom !

J'irais, ainsi qu'un bon génie,
En pacifique conquérant,
Verser ma richesse bénie
A travers l'univers souffrant !
Parmi les nations rivales
Je jetterais par intervalles,
Au lieu de bombe et de boulet,
Afin de les réunir toutes,
Un long réseau de grandes routes,
Comme un pêcheur jette un filet !

Au lieu de passer, pauvre esclave,
A ceux que désigne le sort,
Je voudrais un destin plus brave,
J'irais vivre avec l'homme fort.
Aimant tout gigantesque rêve,
J'irais faire jaillir la sève
Qui dort dans les cœurs attristés ;
J'irais, armé de ma puissance
Chercher au sein de leur silence
L'essor des grandes volontés !

Convertissant aux fois nouvelles
Ceux qui regrettent le passé,
Animant les lentes cervelles
Et réchauffant tout cœur glacé,
Je ferais enfin, sur la terre,
Triompher le travail austère,
La foi, l'espérance et l'amour ;
Et j'entonnerais les cantiques
Que les poëtes prophétiques
Chanteraient enfin à leur tour.

Vous le voyez, lorsqu'on me blâme,
On a tort, je suis innocent :
Je suis, hélas ! comme une flamme
Qu'on craint tout en la nourrissant !

Gardez pour vous votre colère !
Voyez ce que je voudrais faire :
Je suis enfermé dans la loi !
Hommes faux, méchants et parjures,
Au lieu de m'accabler d'injures,
Liguez-vous plutôt avec moi !

Renversez vos vieilles idoles,
Laissez votre ancien vêtement ;
Écoutez les jeunes paroles,
Grandissez-vous incessamment ;
Jetez au feu vos lois cruelles,
Sortez enfin de ces ruelles
Où vous rampez, tremblants de peur ;
Brisez les barreaux de ma cage,
Anéantissez l'héritage,
Et vous verrez si j'ai du cœur !

Décembre 1854.

CHANTS D'AMOUR

A PORCIA

Vous savez, Porcia, ce que vaut ma tendresse,
Si je puis sans orgueil dire : Je sais aimer!
Et vous avez appris ce qu'on buvait d'ivresse
Aux sources de mon cœur, que rien n'a pu fermer!

Vous savez que l'amour fut pour ma vie entière
Le seul culte vivant, le grand culte sacré;
Qu'il est le seul soleil dont j'ai vu la lumière,
Le seul Dieu, dans mon cœur, constamment adoré!

Vous l'avez su, du moins! — Le savez-vous encore?
Dans ces pays lointains où le sort a jeté
Votre vie, avez-vous conservé près d'éclore
Le souvenir ardent du passé regretté?

Je n'ai rien oublié de nos heures passées;
Et voilà qu'à présent, en feuilletant mes vers,
J'entends chanter en moi la voix de mes pensées
Qui me redit tout bas nos bonheurs les plus chers!

Vous en souvenez-vous, Porcia, de la flamme
Dont brûlait notre amour, alors que vos grands yeux
Regardaient lentement jusqu'au fond de mon âme,
Et que je me croyais emporté vers les cieux!

Vous en souvenez-vous de nos chères tendresses,
De mes longs désespoirs, de mes cris éperdus,
Lorsque je retombais, blêmi sous vos caresses,
Cherchant à prendre encor tous mes baisers rendus!

Vous en souvenez-vous de nos belles folies,
De nos bonheurs sans fin, de nos nuits, de nos jours,
De vos lèvres brûlant sur mes lèvres pâlies,
De nos serments pieux de nous aimer toujours?

Vous en souvenez-vous de ce bon temps, et comme
Nous dévorions tous deux l'avenir sans compter;
Et nos jours de voyage et nos courses dans Rome,
Et Naples que jamais nous ne pouvions quitter?

Et Milan et Padoue, et Florence et Venise!
— Venise, où le Lion pleure en mordant son frein! —
Et tous ces lieux chéris que l'amour divinise,
Et qu'il va visiter en pieux pèlerin!

Vous en souvenez-vous! Hélas! la destinée
Qui tous deux en un seul nous avait réunis
En un jour a rompu notre vie enchaînée,
Pour la livrer encore aux hasards ennemis!

Vous êtes loin de moi maintenant; cinq années
Ont déjà disparu dans le gouffre du temps,
Depuis que nos amours, par le sort entraînées,
Se sont dit leurs adieux! Hélas! déjà cinq ans!

Je souffre! mais je sais aussi que la distance
Ne troublera jamais un cœur comme le mien.
Qu'importent les malheurs qui brisent l'existence!
Mon cœur est plein d'amour et le sort n'y peut rien!

Au-dessus des douleurs, au-dessus du naufrage,
Sur la mer assombrie et sous le grand ciel noir,
Je sens, ô Porcia! mon amour qui surnage
Et garde sans pâlir l'incorruptible espoir!

Aujourd'hui j'ai relu tous ces vers — notre histoire —
Que j'ai chantés jadis, assis à vos genoux,
Et j'ai vu reparaître à travers ma mémoire
Nos beaux jours écoulés qui m'ont parlé de vous!

Hélas! ce sont les cris de toute ma jeunesse;
Acceptez-les ici, non comme un souvenir,
Mais comme une espérance et comme une promesse
Des bonheurs que pour nous garde encor l'avenir'

Au delà de la mort, il est une autre vie,
Où l'on peut ressaisir les rêves effleurés;
Là, nous retrouverons la tendresse ravie
Que rien n'a pu flétrir dans nos cœurs séparés!

Là, nous retrouverons la source merveilleuse
Où nos lèvres ont bu sans se rassasier;
Nous jouirons alors et d'une âme orgueilleuse
De notre foi toujours prête à s'extasier.

Rien alors ne pourra disjoindre nos tendresses ;
Rien ne pourra ternir notre sérénité ;
Rien ne pourra calmer nos sublimes ivresses,
Et notre rendez-vous sera l'éternité !

Janvier 1855.

I

DUO

Où donc est-il, mon cœur ?... Il est dans la Nubie,
Sous les palmiers du Nil, dans les temples détruits ;
Il est dans les déserts qui vont vers l'Arabie ;
Il est dans le khamsin qui sèche l'eau des puits ;

Il est dans les parfums venus d'Abyssinie,
Dans les palais de bois qu'habite le sultan ;
Il est aux sables blonds des rives d'Ionie ;
Il est dans vos yeux noirs, ô femmes du Liban !

Goëlands voyageurs, il est pris sous vos ailes;
Avec vous, tout le jour, il vole sur les flots;
Il dort au fond des bois avec les tourterelles;
Il suit la barque agile aux chants des matelots!

Il se perd sous le ciel et là, dans les nuages,
Auprès des astres d'or et des chemins lactés,
Il se mêle joyeux au fracas des orages,
Et traverse en riant leurs sinistres clartés!

Il s'en va par le monde emportant mon idée!
Quand, après les douleurs dont mon cœur a pâti,
J'ai revu ma maison que la mort a vidée,
J'ai vainement cherché mon cœur au loin parti.

— Pourquoi ton cœur est-il donc en voyage?
Ne peut-il vivre enfermé dans sa foi?
L'oiseau perdu ne connaît plus sa cage,
Il fuit toujours et redevient sauvage,
Dis-lui : Reviens! et puis donne-le-moi!

Donne-le-moi, ce cœur qui court le monde,
Qui, plus encor, s'éloigne chaque jour;
J'endormirai son humeur vagabonde,
Et lui ferai, dans mon âme profonde,
Un nid tout plein de soleil et d'amour!

Je le mettrai dans ma poitrine ardente,
Tout près du mien, afin de le calmer;
Ils vivront là d'une vie abondante,
Et chanteront l'ivresse débordante
Que Dieu réserve à ce qui sait aimer!

Le mien est triste, il s'ennuie et demande
Un compagnon pour pleurer avec lui;
Comme le tien il chante sa légende
En sanglotant; il se donne en offrande;
Il veut aimer et sourire aujourd'hui!

Pour te chérir il séchera ses larmes;
Au fond de lui s'il trouve du bonheur,
Il en fera des philtres et des charmes,
Pour écarter ton deuil et tes alarmes
Et pour chasser les ennuis de ton cœur!

Donne-le-moi, j'ai soif de sa tendresse;
Je saurais bien le forcer d'être heureux;
Je veux, jusqu'à ma dernière caresse,
Dire avec lui l'hosanna d'allégresse
Des jours unis et des cœurs amoureux!

— Allons! allons! mon cœur, revenez de Nubie;
Laissez là les palmiers et les temples détruits;
Laissez les pèlerins marcher vers l'Arabie,
Et fuyez le khamsin qui sèche l'eau des puits!

Allons! venez dormir dans la poitrine blanche
De celle qui vous dit : « Je t'aimerai toujours ! »
Posez-vous sur sa lèvre où votre soif s'étanche,
Enivrez-vous de joie et chantez vos amours !

Comme un enfant malade et pleurant de faiblesse
Qui demande à sa mère une heure de repos,
Restez sans remuer, engourdi de tendresse,
Oubliez vos chagrins, vos rêves et vos maux !

Mais plus tard, si jamais démentant sa promesse,
Elle vous rejetait comme un vase épuisé
Ouvrez votre aile encore et partez sans tristesse
Vers l'inconnu lointain par mon rêve épousé.

Versez, comme un soleil, sur la nature entière
Tous les rayonnements que vous portez en vous,
Et sans vous retourner et par toute la terre,
Allez chercher celui que l'on prie à genoux.

Aimez l'azur du ciel et les forêts profondes ;
Aimez les horizons que dentèlent les monts,
Aimez les grands rochers qui plongent dans les ondes
Leurs pieds inébranlés luisants de goëmons !

Aimez les chants d'oiseaux, les fleurs et les étoiles
Qui gardent le secret dans leur sein contenu ;
Aimez les océans couverts de blanches voiles,
Aimez les longs déserts d'où nul n'est revenu !

Aimez Dieu qui fit tout ! Errant parmi les âmes,
Absorbez-vous en lui dans un baiser sans fin,
Mais n'aimez plus jamais quelqu'une de ces femmes
Dont l'amour parjuré n'a pas de lendemain !

— Jamais ton cœur ne rouvrira son aile,
Mon cœur au tien pour toujours s'est uni ;
Ma main est sûre et mon âme est fidèle ;
Mon lendemain, c'est la vie éternelle ;
C'est le baiser en Dieu dans l'infini.

Septembre 1845

II

PRIÈRE

Toi qui vois nos serments, accepte-les, ô Père !
Laisse-nous être heureux par l'effort de nos cœurs !
Fais qu'à tout autre amour son amour me préfère !
Donne-moi ses chagrins, garde-lui mes bonheurs !

N'est-ce pas, ô mon Dieu ! que nos parts seront belles !
Nous resterons toujours grandissant sous tes yeux,
Et tu verras, au moins, que deux âmes jumelles
Peuvent s'aimer ici comme l'on s'aime aux cieux !

Et quand l'heure viendra d'abandonner la vie,
Quand nous aurons tracé notre dernier sillon,
Quand tes voix parleront à notre âme ravie,
Tu nous emporteras sur le même rayon !

Octobre 1845.

III

EN FUITE

Ah! je voudrais m'en aller loin d'ici!
Bien loin! bien loin! Tout m'afflige et m'irrite!
Tout me fait mal dans ce monde hypocrite,
Tout fait saigner mon cœur mal endurci!
J'étouffe et meurs; tout m'accable et me choque!
De l'air! de l'air! ma poitrine suffoque.

A respirer l'air impur des méchants;
Je veux aller me perdre dans les plaines,
Je veux porter mon chagrin et mes peines
Sur les flots bleus, dans les bois, dans les champs !

Je veux aller voir si dans la nature
Il reste encore un coin du ciel aimé,
Un paradis pour la brise embaumé,
Et pour y boire une fontaine pure !
Là-bas ! là-bas ! dans les pays joyeux
Où le soleil ne quitte pas les cieux,
Je trouverai quelque bonne retraite
Où je pourrai, pensif, tranquille et fort,
Et dédaignant les mensonges, ô sort!
Mener ma vie enfin calme et secrète.

Mon cœur est faible et mon bras est lassé ;
Je ne veux plus, naufragé sans courage,
Ramer toujours sur ces flots sans rivage,
Où je me brise aux écueils du passé ;
Où donc le port? où donc sont les étoiles?
Les ouragans qui soufflent dans mes voiles
Ont tout caché; je souffre ! je suis las !
Vers l'horizon j'ai beau lever la tête,
Je n'aperçois que dangers de tempête,
Et les rochers qui m'attendent là-bas !

Le ciel est vide et le présent est sombre!
Du haut des tours je ne vois rien venir;
Tout est muet vers l'obscur avenir;
Je n'entends rien et je ne vois que l'ombre
Qui chaque jour envahit le chemin
Où je me traine en étendant la main
Comme un aveugle inquiet de sa route ;
Deux compagnons marchent à mes côtés,
Faibles tous deux, pleurants, épouvantés,
Deux vieux amis : la tristesse et le doute!

Je veux partir! tout de suite! à l'instant!
Je ne crains pas les solitudes mornes,
Les rudes monts et les déserts sans bornes,
Et je connais les voix que l'on entend
Parler tout bas pendant les nuits sereines,
Comme des chœurs menés par les sirènes;
Je les comprends et n'en ai pas d'effroi!
Mais en partant j'emporte sans mystère
Le seul bonheur que j'ai connu sur terre!...
O Porcia, tu viendras avec moi!

Tu peux quitter sans regrets et sans plainte
Ce monde impie où nous souffrons tous deux!
Ses plats instincts, ses mensonges hideux,
Ses sots mépris pour toute chose sainte,

Ses trahisons et ses dédains moqueurs
Ne sont pas faits pour suffire à nos cœurs;
Fuyons ses maux et ses lâches promesses;
Par les méchants nous sommes épiés,
Chacun voudrait se hisser sur ses piés
Pour regarder au fond de nos tendresses!

Fuyons! fuyons! viens! La terre est à nous!
Nous trouverons de charmantes patries!
Viens! nous irons dans des îles fleuries
Où l'air est pur et le ciel toujours doux!
Dans un pays plein de choses charmantes,
Où tout sourit, les hommes et les plantes,
En respirant un éternel été,
Et, pèlerins des amours éternelles,
Nous marcherons à des forces nouvelles,
Joyeusement, dans notre liberté!

Si tu savais les larges paysages
Que je connais, là-bas, en Orient,
Sous un soleil sans cesse souriant
Dans un grand ciel qui n'a pas de nuages;
Les pampres mûrs suspendus aux buissons,
Cachent des nids pleins de jeunes chansons,

Les bœufs pensifs ruminent en silence ;
La pâle fleur des jaunes cotonniers
S'épanouit près des blancs citronniers
Aux dards aigus comme des fers de lance !

Les moucherons dorés par le soleil
Tournent, joyeux, dans de blondes lumières ;
Les verts lézards sur le mur des chaumières
En frétillant se tiennent en éveil ;
Les boucs cornus et les buffles difformes
S'entremêlant dans des troupeaux énormes
Vont boire au Nil tout parsemé d'îlots ;
Sur les chemins, aux temples légendaires,
On voit passer les fauves dromadaires
Dont chaque pas fait sonner les grelots.

C'est là ! c'est là ! qu'il faut aller ensemble
Pour oublier nos maux et nos regrets,
Pour vivre heureux et pour boire à longs traits
Tous les bonheurs que le ciel y rassemble ;
N'es-tu donc pas lasse enfin de souffrir ?
Pourquoi lutter ? hâtons-nous de partir !
Viens reposer ta course haletante !
Sous un azur plus bleu que tes yeux bleus,
Sur un gravier plus blond que tes cheveux,
Au bord du Nil nous dresserons la tente !

Nous vivrons là, délivrés de souci,
Calmes, joyeux, éloignant de nos âmes
Ces souvenirs brûlants comme des flammes
Et si cruels! disant à Dieu : Merci
De ce bonheur, de cette paix charmante,
De ce soleil après notre tourmente,
De ce repos, de notre amour, enfin!
Et nous n'aurons, sous son aile bénie,
Pour lui prouver notre joie infinie,
Qu'à vivre heureux en nous aimant sans fin !

IV

TOURMENTE

Matelots ! matelots ! quand soufflent les orages,
Quand les vents en hurlant passent dans les cordages,
Quand vous avez aux flots jeté la cargaison ;
Quand vous apercevez le spectre des naufrages ;
Qui s'avance vers vous du fond de l'horizon ;

Quand de vos mâts rompus la voile est envolée ;
Lorsque, tournant toujours, la boussole affolée
Va du sud au couchant et du levant au nord ;
Quand l'étoile polaire invisible et voilée
Ne peut plus vous guider vers le chemin d'un port ;

Lorsque le feu Saint-Elme allume vos antennes ;
Lorsque vous manœuvrez aux lueurs incertaines
Du tonnerre éclatant et des pâles éclairs ;
Quand tout semble perdu ; lorsque vos capitaines
Tremblent à tous les bruits qui passent dans les airs ;

Lorsque vous regardez les grands requins voraces
Qui nagent près de vous en poursuivant vos traces
Et se disputeront vos cadavres noyés ;
Quand la sonde à la mer n'indique plus les brasses ;
Quand les cœurs les plus hauts par la peur sont ployés ;

Lorsque tout va finir ! quand l'oiseau des tempêtes
Tournoie en glapissant au-dessus de vos têtes ;
Lorsque le gouvernail, impuissant ou brisé,
Ne peut plus vous tirer du péril où vous êtes ;
Quand le flot monte encor ; quand tout est épuisé ;

Quand vous sentez vibrer jusqu'au fond de vos âmes
Le souvenir d'enfants, de pères et de femmes,
Et le regret de ceux que vous ne verrez plus,
Vers qui viendront peut-être un jour, parmi les lames,
Vos corps défigurés poussés par le reflux ;

Lorsque sentant déjà commencer l'agonie,
Vous vous agenouillez, chantant la litanie
De la mère de Dieu, Dame de Bon-Secours,
Et que levant les bras vers la Vierge bénie
Vous mettez en ses mains la garde de vos jours;

Matelots! matelots! vous souffrez moins, je jure,
Que celui qui, la nuit, pleurant dans l'ombre obscure,
Veille celle qu'il aime et, penché sur son front,
Voit tout à coup la mort qui près d'elle murmure
Des mots d'appel sinistre auxquels elle répond !

Venise, août 1846.

V

SOLEIL

Matelots ! matelots ! quand la brise est joyeuse,
Qu'elle gonfle en chantant la voile radieuse ;
Quand les vents adoucis sommeillent sous les cieux !
Lorsque de tout danger votre joie oublieuse
Sort de votre poitrine et brille dans vos yeux ;

Lorsque suivant de l'œil le vol des mauves grises,
Vous envoyez vos cœurs à vos belles promises,
En redisant tout bas quelque refrain d'amour ;
Quand vous sentez venir vers vous, parmi les brises,
Des souhaits de tendresse et des vœux de retour ;

Lorsque le ciel est bleu, lorsque tout est prospère,
Quand vous ne craignez plus ni mousson, ni tonnerre,
Ni coup de vent, ni froid, ni tempête, ni faim ;
Lorsque vous aspirez du côté de la terre
Des parfums, messagers de votre port prochain ;

Quand vous sentez en vous monter l'ardente envie
De terminer enfin la route poursuivie,
Et d'aller embrasser au seuil de la maison
La femme qui pleurait et qui passait sa vie
A prier Dieu pour vous en guettant l'horizon.

Quand les gais marsouins sautent dans le sillage,
Quand tout est préparé déjà pour le mouillage ;
Quand vous apercevez vos rochers bien connus ;
Quand vous voyez au loin l'église du village
Dont la cloche vous dit : « Soyez les bienvenus ! »

Lorsque vous distinguez, réunis sur la grève,
Ceux qui pendant longtemps, sans repos et sans trêve,
Ont demandé la fin de vos travaux hardis ;
Quand pour vous les montrer, sur les bras on élève
Vos chers petits enfants dans l'absence grandis ;

Lorsque l'ancre a mordu le sol de la patrie ;
Lorsque voyant passer dans votre âme attendrie
Le souvenir poignant des dangers dominés,
Vous allez rendre grâce à la vierge Marie,
Pieds nus, silencieux, ravis et prosternés ;

Vous êtes moins heureux, matelots, je vous jure,
Que celui qui, la nuit, priant dans l'ombre obscure,
Veille celle qu'il aime et, penché sur son front,
En écarte la mort et doucement murmure
Un appel à la vie auquel elle répond !

Venise, septembre 1846.

v

ARC-EN-CIEL

Seigneur, votre arc-en-ciel brille sur les nuages ;
Il s'étend dans les airs comme un grand pont de feu ;
La pluie en frissonnant s'égoutte des feuillages,
Et le soleil voilé cherche un coin du ciel bleu !

Vous avez dit jadis : « C'est mon arc d'alliance,
Je l'étendrai sur vous en signe de pardon ! »
Seigneur, rappelez-vous ces mots de bienveillance ;
Souvenez-vous, Seigneur ! vous êtes le Dieu bon !

Père ! secourez-nous ! nous sommes en souffrance !
Nous prions ! nous pleurons ! nous crions à genoux !
Rafraîchissez nos cœurs d'un souffle d'espérance !
Votre arc est dans le ciel, Seigneur ! pensez à nous !

Venise, août 1846.

VII

LES ORFÉVRES

J'ai souvent regardé travailler les orfévres
Qui, clignotant des yeux et remuant les lèvres,
Choisissaient au milieu de métaux entassés
Les meilleurs, les plus purs et les mieux nuancés !

Les essayant d'abord sur la pierre de touche,
Ils ne gardaient que ceux dont la légère couche
Ne disparaissait pas sous l'acide mordant
Qui ronge tout métal qui n'est pas l'or ardent !

Ils jetaient au rebut le plomb, l'étain fragile,
Le platine, le fer et le cuivre servile,
Le clinquant, le plaqué, l'argent, le similor;
Ils les laissaient tomber et ne gardaient que l'or.

Car c'est l'or qu'ils cherchaient en faisant ce triage,
L'or sonore et puissant, l'or pur sans alliage,
L'or rayonnant et dur, l'or solide et vermeil,
Qu'on dirait descendu d'un rayon du soleil!

C'est ainsi que doit faire un homme calme et sage
Lorsqu'il guide son cœur au lent apprentissage
Des mille passions qui montrent au lointain
L'indécise clarté de leur phare incertain!

Qu'il essaye à l'instant, sur sa raison sereine,
Chacun des sentiments que dans ses flots entraîne
Ce fleuve de la vie enflé jusqu'à son bord,
Où, perdus, nous nageons en quêtant notre port!

Qu'il repousse à jamais ces instincts mercenaires
Qui font briller de loin leurs éclats éphémères,
Sentiments frelatés, vertus de trafiquant,
Qui paraissent de l'or et ne sont que clinquant!

A raffermir son cœur travaillant sans relâche,
Qu'il jette loin de lui cette ambition lâche,
Qui cache sous les plis de son austérité
Ses besoins déguisés de domesticité.

Inébranlable et fort, qu'il méprise la gloire,
Pauvre clairon fêlé qui chante la victoire
Toujours sur le même air, et dont le bruit soudain
Qui vous frappe à cette heure est oublié demain.

Qu'il envoie au rebut cet amour des richesses,
Qui sème dans l'esprit toutes les sécheresses,
Et qui faisant de l'homme un sot désobligeant
Lui met au lieu du cœur des sacoches d'argent !

Et même l'amitié, la courante monnaie
Qu'offre celui qui passe et dont chacun se paye,
Qu'il l'étudie avant de donner du retour !
— Un ami de trente ans vous trahit en un jour ! —

On croit pendant longtemps la pièce forte et neuve,
Et puis un jour, hélas ! on découvre la preuve
Qu'une paille honteuse a coupé ses morceaux,
Qu'elle n'a plus son poids et qu'elle sonne faux !

Qu'il ne garde en son cœur, pour étayer sa vie,
Loin des instincts douteux et de la pâle envie,
Que l'amour, et qu'il soit soigneux de son trésor,
Car l'amour seulement est aussi pur que l'or !

Car l'amour ici-bas, lui seul, vous transfigure ;
Lui seul à nos vertus donne leur envergure ;
Lui seul, toujours ardent, brille en notre milieu
Comme un rayon sorti du cœur même de Dieu !

Florence, octobre 1846.

VIII

FADAISE

Puisque tu t'en vas en voyage,
Emporte avec toi mon bonheur,
Pour donner pâture à ton cœur ;
Mets-le dans un coin du bagage.

Regarde-le pour t'amuser,
Il te dira de douces choses,
Et jusque vers tes lèvres roses
Il montera comme un baiser.

Si pour toi seule il est fidèle,
Si par toi seule il vint au jour,
Enferme-le dans ton amour
Afin d'emprisonner son aile !

Je te le confie, et j'ai foi.
Prends garde que rien ne le touche ;
Bientôt un baiser de ta bouche
Le fera revenir en moi.

Octobre 1845.

IX

ANNIVERSAIRE

Un soleil éclatant, passant par la fenêtre,
Regardait mon bonheur ; j'étais à vos genoux,
Comme devant l'autel se prosterne le prêtre.
Voilà trois ans déjà ! Vous en souvenez-vous?...

J'étais heureux enfin ! Je sortis de la ville,
Dont le bruit effrayait mon rêve aux ailes d'or ;
J'allai m'asseoir tout seul auprès d'un bois tranquille,
Comme un avare, afin de compter mon trésor !

J'y restai bien longtemps, plein d'une joie amère,
Unissant mes espoirs avec tous mes regrets ;
Mêlant ton souvenir à celui de ma mère,
L'un si lointain déjà, l'autre encore si près !

L'avenir chantait haut dans mon âme ravie !
L'amour m'illuminait, et je sentais en moi
Que je touchais enfin au rêve de ma vie,
Et que tu devenais ma jeunesse et ma foi !

Je compris qu'à toujours tu m'étais fiancée,
Et ce fut ce jour-là que, près d'un bois perdu,
Mon cœur a commencé l'hymne de sa pensée,
Hymne adorable auquel ton cœur a répondu !

Rien jamais, — ni chagrin, ni peine, ni détresse,
Ni le temps ravageur qu'on ne peut désarmer —
N'empêchera ma voix de chanter ma tendresse,
Mon cœur de la sentir, mon âme de l'aimer !

Je t'aimerai toujours ! mon âme est éternelle !
Sans repos je dirai l'hymne de nos amours ;
Maintenant et plus tard, sur la terre mortelle,
Dans les astres futurs, je le dirai toujours !

Car pour l'éternité nos âmes sont unies ;
Nous marcherons parmi les transmigrations,
Ensemble gravissant les routes infinies
Où nous devons trouver nos incarnations !

Et nous irons ainsi, côte à côte, sans cesse,
Nous rapprochant toujours, nous aimant plus et mieux,
Faisant de notre vie une immense caresse
Plus large que la mer, plus vaste que les cieux !

Jusqu'au jour où, tous deux, rayonnants de lumière,
Ayant tout épuisé, joie, amour et bonheur,
Nous nous absorberons dans une mort dernière,
Pour ne faire plus qu'un dans le sein du Seigneur !

Septembre 1848.

X

LA MAISON DÉMOLIE

Des hommes sont venus armés de lourdes pioches
Et portant sur le dos de pesantes sacoches
D'où l'on voyait sortir des pics et des marteaux,
Toute sorte d'outils de formes singulières,
Pour ébranler les murs, pour desceller les pierres,
Pour jeter bas les fûts avec leurs chapiteaux.

Ils se sont réunis près de la maison vide.
Après avoir fixé sur le mur peu solide,
Pour ménager sa chute, un arc-boutant de bois,
Ils ont rapidement gravi les cinq étages,
Puis ils ont commencé leurs tristes abatages
En poussant les tuyaux qui roulaient sur les toits.

L'édifice attaqué découvrait ses entrailles ;
Les maçons vigoureux abattaient les murailles
Qui s'écroulaient, couvrant le sol de leurs gravois ;
Et chaque pan de mur, tombant par intervalles,
Poussait en s'ébranlant des clameurs colossales,
Et semblait pour se plaindre avoir d'immenses voix !

On voyait apparaître à travers la tranchée,
La tenture en papier par lambeaux arrachée
Qui couvrait les cloisons comme un vaste damier ;
On voyait s'allonger ces noirs rubans de suie
Qui, comme des ruisseaux assombris par la pluie,
Rampent contre les murs, de la cave au grenier.

La foule regardait. Quand une lourde pierre
S'écroulait en faisant envoler la poussière,
Elle s'amusait fort et riait aux éclats ;
Je regardais aussi, mais j'étais triste et grave
En voyant tout sombrer, épave par épave,
Car c'était ma maison que l'on jetait à bas !

Car c'était la maison où, pendant dix années,
J'avais passé ma vie au courant des journées,
Aujourd'hui plein de joie et demain malheureux,
Rêvant, aimant, cherchant, travaillant en silence,
L'esprit rempli d'ardeur ou rempli d'indolence,
Et toujours loin de terre ainsi qu'un songe-creux.

C'est là d'où sont partis mes désirs de voyages,
Mes aspirations vers les grands paysages
Que baigne en souriant l'eau des fleuves sacrés;
C'est de là que mon rêve, emporté dans l'espace,
M'a conduit aux déserts et m'a montré la place
Où je devais dormir sur les sables dorés.

C'est là que, bien souvent, dans de longues soirées,
Parlant et discutant de choses révérées,
D'art, de religion, avec de vieux amis,
Appelant de mes vœux la lente destinée,
Je suis resté pensif près de la cheminée,
Réveillant dans mon cœur mes rêves endormis.

C'est dans cette maison, qui s'écroule et qui tombe,
Qui me paraît déjà triste comme une tombe,
C'est parmi ces débris par le vent balayés,
Et d'où je vois, hélas! s'enfuir mes rêveries,
Comme l'on voit parfois auprès des métairies,
S'envoler des oiseaux par le bruit effrayés;

C'est dans cette maison qui, vieille et décrépite,
Sous les coups de marteaux penche et se précipite,
Et qui sera bientôt un monceau de débris,
Que j'ai vécu des jours pleins d'heures enivrées,
En recueillant au bord de lèvres adorées
Des mots entrecoupés de baisers et de cris !

C'est là qu'elle venait à tous les yeux cachée,
Celle vers qui mon âme incessamment penchée,
Envoie à tout instant ses désirs renaissants ;
C'est là que, méprisant les injures du monde,
Elle montait vers moi, jeune, charmante et blonde,
Comme un ange porté parmi des flots d'encens.

Sitôt que j'entendais le bruit de sa voiture,
Bien vite j'accourais, et sous la voûte obscure
Je la guidais voilée à travers le chemin.
Nous montions, commençant déjà notre poëme,
Nous arrêtant souvent pour nous dire : Je t'aime !
Ma lèvre sur sa lèvre et sa main dans ma main.

•

Là ! nous étions chez nous ! sans témoin, sans visage
Pour venir épier notre joie au passage !
Sans confident bavard, sans regards curieux !
Loin de tous, près du ciel où nous portait l'extase,
Et, sans cesse ni fin, chantant la paraphrase
Du cantique d'amour de nos cœurs radieux !

C'est là que j'ai senti, lorsque j'étais près d'elle,
Des instincts rayonnants comme une foi nouvelle
S'infiltrer lentement dans mon cœur éperdu ;
J'ai tant pleuré d'amour sur ses lèvres chéries,
J'ai tant crié de joie en nos chères féeries,
Que Dieu, qui m'entendait, sur nous est descendu !

Ah ! chacun de ces murs qui tombent et s'éboulent,
Chacun de ces lambris qui craquent et s'écroulent,
Fait rouler avec lui mes souvenirs passés !
Chaque pierre savait un mot de mon histoire ;
Et j'entends bourdonner autour de ma mémoire
L'essaim tumultueux des rêves effacés.

Quoi ! rien ne restera de cette maison sainte,
Pas même un mur étroit pour en marquer l'enceinte !
Tout va tomber ! tout va crouler ! tout va finir !
Un jour rien ne pourra m'en indiquer la place,
Et je serai forcé, pour retrouver sa trace,
D'aller la rechercher jusqu'en mon souvenir !

Tout tombe ! l'escalier où ses pieds de sylphide
Franchissaient les degrés, d'une course rapide,
Pendant que son bras frêle à mon bras s'appuyait ;
Les paliers où souvent, s'arrêtant essoufflée,
Elle parlait tout bas, sous son voile aveuglée,
Et me disait des mots où mon cœur se noyait !

Le salon où tranquille et soulevant son voile,
Comme un nuage noir qui découvre une étoile,
Elle montrait enfin son front mystérieux ;
Où, s'informant d'abord du vol de ma pensée,
Elle me demandait si l'œuvre commencée
S'élancerait bientôt au jour victorieux.

Hélas ! ma chambre aussi, ma chambre presque austère
Où planait près de moi l'image de ma mère,
Où la branche de buis pendue à son portrait
Paraissait me promettre en mes jours de souffrance,
Comme un rameau sacré verdi par l'espérance,
Le bonheur que pour moi jadis elle rêvait.

Ma chambre où j'ai souvent, pendant mes insomnies,
Redisant à mon cœur ses peines infinies,
Entendu mes sanglots troubler l'ombre sans bruit ;
Ma chambre où j'évoquais autour de mes tristesses
Ceux que l'avide mort a pris à mes tendresses,
Et qui, doux et pensifs, m'apparaissent la nuit.

La chambre où tu venais, ô ma chère adorée,
Notre chambre à nous deux, cette chambre sacrée
Où nul n'aurait jamais dû venir après nous ;
La chambre où je restais des heures délectables,
Ivre, charmé, perdu sous tes yeux ineffables,
Baisant ta jeune main assis à tes genoux !

La chambre où nous avions, bien loin de tout obstacle,
Réuni nos bonheurs comme en un tabernacle,
Afin de les compter ensemble à tout moment ;
La chambre où nous avons tout oublié, la vie,
Les méchants, les jaloux, les menteurs et l'envie,
Où nous avons gagné le ciel en nous aimant !

Eh bien ! cet escalier, ce salon, cette chambre
Où passa ton parfum plus enivrant que l'ambre,
La chaude cheminée où tu chauffais tes piés,
Le balcon où souvent je t'ai vue immobile,
Contempler le soleil se coucher sur la ville,
Et les nuages blancs dans ses lueurs noyés ;

Tout cela disparaît sous les pioches cruelles ;
Puis, plus tard, ils viendront armés de leurs truelles,
Et bâtiront aux lieux où furent nos amours
Quelque belle maison à façade, à sculptures,
Avec des chapiteaux soutenant les toitures,
Pour remplacer la nôtre enfouie à toujours !

Tout va tomber ! Eh bien, tant mieux ! tombez, murailles !
Tombez comme des forts broyés par des mitrailles,
Écroulez-vous, ô murs ! ô toits, abattez-vous !
Croulez en mugissant ainsi qu'une tempête,
Anéantissez-vous de la base à la tête ;
Tombez en écrasant tous nos rêves si doux !

Qu'il ne reste plus rien de ma vieille demeure !
Que jusques à son nom tout disparaisse et meure !
Qu'elle s'en aille encor chaude de nos bonheurs ;
Que nul jamais ne puisse aimer où nous aimâmes ;
Qu'on ne retrouve pas la cendre de ces flammes
Dont nous avons brûlé jusqu'au fond de nos cœurs !

D'autres ne viendront pas, profanes et vulgaires,
Dormir dans cette chambre où je dormais naguères,
Rêvant à cet amour que le Seigneur bénit ;
D'autres ne viendront pas, d'une main indiscrète,
Fouiller tous les secrets de la chère retraite
Où nous avions ensemble arrangé notre nid !

Que tout s'écroule donc ! Quant à moi, peu m'importe !
Quand de cette maison j'ai traversé la porte,
J'ai pris, comme un enfant, mon amour dans mes bras ;
Il dort tranquille et pur sur mon sein qui le presse,
Je ne suis pas troublé ; pour loger ma tendresse,
Mon cœur est un palais qu'on ne démolit pas !

Avril 1849.

XI

MATIN

Quatre heures du matin sonnaient ; sur le ciel pâle
Des nuages épais assombris par la nuit
Se frangeaient en fuyant de bordures d'opale ;
La ville était éteinte et reposait sans bruit.

Les dômes monstrueux des grandes basiliques
Semblaient porter les cieux ténébreux et voilés,
Et mes pas éveillaient, près des temples antiques,
Les pauvres endormis dans leur manteau roulés !

Rome dormait encor. De lentes sentinelles
Passaient et repassaient devant les postes clos.
Nul oiseau dans les airs ne remuait les ailes ;
Nul bateau de pêcheur ne glissait sur les eaux ;

Le Tibre était muet, et le ciel était vide.
J'avais froid ; je marchais, chantant en mon esprit
Une chanson d'amour pleine de joie avide,
Hymne secret du cœur et pour moi seul écrit.

Mon cœur était joyeux ; je sentais sur ma lèvre
La saveur de baisers encor chauds ; j'entendais
Encor ces mots d'amour bégayés dans la fièvre,
Ineffables trésors qu'en moi je fécondais.

Le jour venait ; la nuit pâlissait ; les étoiles
S'effaçaient lentement dans le ciel incertain,
Et les nuages blancs comme de larges voiles,
Voguaient allègrement au souffle du matin.

Cela me rappelait mes départs en voyage,
Avant l'aube, au désert ou sur le bord des flots,
Quand je marchais rêveur dans un grand paysage,
A côté des mulets tout bruyants de grelots.

Et toi, que faisais-tu, dis, ma pâle chérie,
Pendant que j'allais seul en m'éloignant de toi?
Cherchais-tu mon image en ton âme attendrie,
Répétais-tu les mots dont j'ai juré ma foi?

Ou bien triste et penchée en haut de ta fenêtre,
Retirais-tu la corde où j'ai glissé sans peur?
— Quand je vis dans le ciel le soleil apparaître,
Je le trouvai moins grand et moins fier que mon cœur!

Rome, mars 1817.

XII

SOIR

Quelques rares passants se hâtaient sous la pluie ;
Il pleuvait à torrents ; les cieux étaient tout noirs ;
Les ruisseaux débordés, sombres comme la suie,
Fuyaient rapidement par-dessus les trottoirs.

Les lanternes du gaz tremblaient sous les rafales,
Comme un serpent de feu leur flamme s'agitait ;
On entendait de loin sonner aux cathédrales
Les heures de la nuit que le vent emportait.

Il faisait triste et froid. Quelques filles tombées
Marchaient près des maisons, parlant à demi-voix
A des vieillards caducs, aux épaules courbées,
Qui souriaient toujours et s'arrêtaient parfois

Sur le boulevard sale, au milieu de la boue,
Notre voiture allait au grand trot des chevaux,
Parmi les cris confus des cochers, et la roue
Faisait jaillir la fange en passant les ruisseaux.

Nous étions seuls tous deux. Nos quatre mains unies
Se pressaient ; ses yeux bleus tremblaient sous mon regard ;
Les glaces de cristal, par l'haleine ternies,
Semblaient nous enfermer dans un moite brouillard !

Muet, j'avais posé mon front sur son épaule ;
Sa voix me ravissait ainsi qu'un chœur lointain ;
Son corps souple et charmant, flexible comme un saule,
Faisait craquer tout bas sa robe de satin.

Un parfum tiède et doux environnait mon être ;
Je restais sans parler, et je sentais en moi
Des faiblesses d'enfant, des extases de prêtre,
Et les virilités d'un homme plein de foi !

Ce fut, dans notre vie, un de ces moments rares
Où tout le cœur s'épanche, où l'esprit dédoublé
Remonte jusqu'au ciel ; où les âmes avares
Boivent jusqu'à l'ivresse un bonheur introublé !

« Je meurs d'amour, » lui dis-je en me penchant vers elle
Jusqu'auprès de sa lèvre, et, pendant cet instant,
J'ai compris les trésors de la vie éternelle
Et le sort qui plus tard près de Dieu nous attend !

Paris, novembre 1857.

XIII

ÉPITAPHE

A PORCIA

On me dit : Apprenez, c'est là qu'est la puissance !
On me dit : Travaillez, et vous vivrez joyeux !
Oubliez plus la terre et pensez plus aux cieux,
Et vous porterez plus la vie en patience !

Qu'importe le travail ? qu'importe la science ?
Tout cela ne vaut pas un regard de tes yeux !
Je n'ai d'autre horizon que ton front radieux !
Je veux me souvenir et garder l'espérance !

Je ne veux travailler qu'à toujours te chérir !
Je t'aime et je voudrais t'aimer jusqu'à mourir !
Et fier de cet amour que ton cœur illumine,

Je voudrais rendre l'âme en un suprême instant ;
Et tu pourrais alors graver sur ta poitrine ;
« Ici gît à jamais celui qui m'aima tant ! »

Mai 1848.

XIV

LE CABLE

A PORCIA

I

Dans la mine au trou caverneux
As-tu vu l'ouvrier descendre
Et sur l'abime se suspendre
A l'aide d'une corde à nœuds ?

Au milieu du puits large et sombre
Pend un câble solide et fort,
Comme un long serpent il se tort
Et se perd tout au fond dans l'ombre.

L'ouvrier robuste et vaillant
Qui veut descendre dans la mine,
Saisit le câble et s'achemine
S'aidant de chaque nœud saillant !

Il va sans crainte et sans alarmes,
Au travers de ce gouffre obscur,
Où l'eau suinte sur le mur
Et s'écoule ainsi que des larmes !

Dans l'abîme il glisse en chantant,
Se confiant à son cordage,
Il exécute son voyage
Sans aventures, et pourtant

Si dans la route meurtrière
Le câble se rompait au poids,
L'ouvrier contre les parois
Se briserait comme du verre.

On retrouverait, tout au bout
De la galerie affrontée,
Un peu de boue ensanglantée,
Quelques os, et ce serait tout !

II

Dans le gouffre de l'existence,
Je me suspends à ton amour,
Et je descends au jour le jour
Sans me troubler de la distance.

Entre terre et ciel balancé,
Sentant mon cœur plein d'assurance,
Plein de jeunesse et d'espérance,
Je suis mon chemin commencé.

Afin d'éclairer les ténèbres,
Je porte avec moi mon bonheur,
Comme sa lampe, le mineur,
Dans les longs corridors funèbres.

Ton amour soutient son fardeau
Dans l'abîme que tout encombre,
Où l'on entend des pleurs sans nombre
Tomber comme des gouttes d'eau !

Rien ne m'émeut ! rien ne m'arrête !
Pourtant je puis apercevoir
Sous mes pieds le gouffre tout noir
Et les nuages sur ma tête.

Ah ! si ton amour jeune et fort,
Et que rien ne put interrompre,
Comme un câble qu'on vient à rompre
Se brisait sous mon rude effort,

Tombé dans la route suivie
Tu me trouverais sur le dos
Brisé dans ma chair et mes os,
Au fond du gouffre de la vie !

Août 1849.

ÉPILOGUE

A CHARLES LAMBERT ET A PORCIA

Avant de mettre : *Fin!* au bas de ce volume,
Avant de le signer et de quitter la plume,
Laissez-moi tous les deux, vous qui m'êtes si chers,
Inscrire vos deux noms avec mon dernier vers !
C'est pour vous — c'est pour nous — que j'ai fini ce livre,
Et je veux vous le dire avant que je le livre
Au hasard incertain de son sort à venir !
Nous avons, tout les trois, tant parlé d'avenir,
D'éternité, d'amour, de travail, d'espérance,
Que tout ce qui m'émeut, bonheur, joie ou souffrance,
Se dirige vers vous — comme mes vers ici —
Et vous porte mon cœur qui vous dit : « Me voici !
» Riez je suis heureux ! Pleurez, je suis en larmes ! »

O chers magiciens dont j'ai goûté les charmes !
N'est-ce pas que c'est peu que mes vers incomplets
Pour tous les beaux bonheurs que votre cœur m'a faits !
Ne vous effrayez pas ; je ne me tiens pas quitte !
Mais, hélas ! il me faut, afin que je m'acquitte,
Plus d'amour que le ciel n'en pourrait posséder,
Plus de talent que Dieu n'a voulu m'en céder,
Et plus de gloire aussi que je n'en puis attendre.
Tel que je suis pourtant daignez toujours me prendre,
Avec mes longs ennuis pleins d'un sot désespoir
Qui surgit au matin et disparaît le soir ;
Avec mes mauvais vers et mon âme solide
Que rien ne fait broncher quand votre voix la guide ;
Car vous m'avez toujours tous deux accoutumé
A me sentir heureux d'être par vous aimé ;
Car vous avez toujours, pendant mes défaillances,
Quand mon âme énervée oubliait ses vaillances,
Vous avez soutenu, sous votre effort vainqueur,
Vous, Lambert, mon esprit ; toi, Porcia, mon cœur !

4 janvier 1855.

FIN

TABLE

	Pages.
AU LECTEUR...	1
PRÉFACE...	3
I. AUX POETES......................................	55
II. LE CONCILE. — A Sa Sainteté Pie IX...........	66
III. LE PALAIS GÉNOIS...............................	73
IV. INSOMNIE..	76
V. JALOUSIE...	78
VI. IMPERTINENCE...................................	80
VII. VIA DOLOROSA. — A Frédéric Fevard...........	82
VIII. A UN AMI......................................	84
IX. LE VOYAGEUR....................................	90
X. EN ROUTE. — A Charles de la Rounat...........	93
XI. LES SŒURS SANGLANTES. — A M. de K. John Benfield, esq :..	98
XII. A CHRISTOPHE, sculpteur.......................	100

XIII. PAYSAGE..	106
XIV. ÉPAVE...	108
XV. NOTRE-DAME-DE-LA-HAINE.....................	113
XVI. FEMMES TURQUES. — A Théophile Gautier......	116
XVII. A AIMÉE..	119
XVIII. LES NÉGRILLONS.................................	133
XIX. SOUVENIR DU 15 MAI 1848. — A Eugène Duclerc...	135
XX. MALÉDICTION......................................	137
XXI. APOSTASIE. A un vieillard......................	141
XXII. LES TROIS CAVALIERS. — A L. Laurent-Pichat....	144
XXIII. ASPIRATION. — A une femme...................	148
XXIV. TRISTESSE...	152
XXV. SPES NON VANA...................................	154
XXVI. LUTHER. — A Alfred Hédouin..................	156
XXVII. AVATARA. — A Louis Jourdan.................	158

CHANTS DE LA MATIÈRE

A CHARLES LAMBERT....................................	169
I. LA VAPEUR.......................................	172
II. LA FAULX...	187
III. LA BOBINE.......................................	192
IV. LA LOCOMOTIVE................................	197
V. LE SAC D'ARGENT................................	201

CHANTS D'AMOUR

A PORCIA...	213
I. DUO..	218

II. Prière.................................	223
III. En fuite................................	225
IV. Tourmente.............................	231
V. Soleil..................................	234
VI. Arc-en-ciel.............................	237
VII. Les orfèvres...........................	239
VIII. Fadaise...............................	243
IX. Anniversaire...........................	245
X. La maison démolie......................	248
XI. Matin..................................	256
XII. Soir...................................	259
XIII. Épitaphe..............................	262
XIV. Le cable...............................	264
Épilogue.......................................	269

FIN DE LA TABLE

Paris. — Imp. de la Librairie Nouvelle, A. Bourdilliat, 15, rue Bréda.

LIBRAIRIE NOUVELLE, boulevard des Italiens, 15, à PARIS
A. BOURDILLIAT ET Cⁱᵉ, ÉDITEURS

OEUVRES COMPLÈTES
DE
H. DE BALZAC

NOUVELLE ÉDITION, COMPLÉTEMENT TERMINÉE, EN 45 VOLUMES

à 1 fr. 25 c. le volume.

Nous ne ferons pas ici l'éloge de Balzac. D'abord, cette tâche n'est pas la nôtre, et puis il semble que cette renommée, qui grandit chaque jour, soit également au-dessus de la louange et de la critique. Nous parlerons seulement de la nouvelle édition que nous offrons au public, — édition d'un mérite déjà exceptionnel par son bon marché, par les soins apportés dans la correction du texte, dans la fabrication des volumes, et, en outre, la plus complète qu'on ait publiée jusqu'ici, et la seule scrupuleusement classée suivant les dernières indications de l'auteur.

Les œuvres que Balzac a désignées sous le titre de :

Comédie humaine, forment dans notre édition 40 v.
Les Contes drôlatiques.................. 3 v.
Le Théâtre, la seule édition complète........ 2 v.

Chacun de ces quarante-cinq volumes, dont nous donnons ci-dessous la nomenclature, se vend séparément **1 franc 25 centimes**.

CLASSIFICATION D'APRÈS LES INDICATIONS DE L'AUTEUR :

COMÉDIE HUMAINE

Scènes de la Vie privée.

1ᵉʳ volume.

LA MAISON DU CHAT QUI PELOTE..............
LE BAL DE SCEAUX.......
LA BOURSE.............. } 1 v.
LA VENDETTA...........
MADAME FIRMIANI.......
UNE DOUBLE FAMILLE....

2ᵉ volume.

LA PAIX DU MÉNAGE......
LA FAUSSE MAITRESSE....
ÉTUDE DE FEMME........ } 1 v.
AUTRE ÉTUDE DE FEMME...
LA GRANDE BRETÈCHE....
ALBERT SAVARUS.........

3e volume.
MÉMOIRES DE DEUX JEUNES MARIÉS .... } 1 v.
UNE FILLE D'ÈVE ....

4e volume.
LA FEMME DE TRENTE ANS.
LA FEMME ABANDONNÉE..
LA GRENADIÈRE........... } 1 v.
LE MESSAGE............
GOBSECK...............

5e volume.
LE CONTRAT DE MARIAGE.. } 1 v.
UN DÉBUT DANS LA VIE ...

6e volume.
MODESTE MIGNON......... 1 v.

7e volume.
BÉATRIX................. 1 v.

8e volume.
HONORINE..............
LE COLONEL CHABERT.....
LA MESSE DE L'ATHÉE.... } 1 v.
L'INTERDICTION..........
PIERRE GRASSOU.........

Scènes de la Vie de province.

9e volume.
URSULE MIROUET......... 1 v.

10e volume.
EUGÉNIE GRANDET........ 1 v.

11e volume.
LES CÉLIBATAIRES. I
PIERRETTE.............. } 1 v.
LE CURÉ DE TOURS......

12e volume.
LES CÉLIBATAIRES. II
UN MÉNAGE DE GARÇON... } 1 v.

13e volume.
LES PARISIENS EN PROVINCE.
L'ILLUSTRE GAUDISSART.. } 1 v.
LA MUSE DU DÉPARTEMENT

14e volume.
LES RIVALITÉS.
LA VIEILLE FILLE........ } 1 v.
LE CABINET DES ANTIQUES

15e volume.
LE LYS DANS LA VALLÉE... 1 v.

16e volume.
ILLUSIONS PERDUES. I
LES DEUX POETES........ } 1 v.
UN GRAND HOMME DE PROVINCE A PARIS, 1re part.

17e volume.
ILLUSIONS PERDUES. II
UN GRAND HOMME DE PROVINCE A PARIS, 2e partie. } 1 v.
ÈVE ET DAVID............

Scènes de la Vie parisienne.

18e volume.
SPLENDEURS ET MISÈRES DES COURTISANES.
ESTHER HEUREUSE.......
A COMBIEN L'AMOUR REVIENT AUX VIEILLARDS.. } 1 v.
OU MÈNENT LES MAUVAIS CHEMINS.............

19e volume.
LA DERNIÈRE INCARNATION DE VAUTRIN.
UN PRINCE DE LA BOHÈME.
UN HOMME D'AFFAIRES.... } 1 v.
GAUDISSART II..........
LES COMÉDIENS SANS LE SAVOIR................

20e volume.
HISTOIRE DES TREIZE.
FERRAGUS.............. } 1 v.
LA DUCHESSE DE LANGEAIS
LA FILLE AUX YEUX D'OR.

21e volume.
LE PÈRE GORIOT......... 1 v.

22e volume.
CÉSAR BIROTTEAU........ 1 v.

23e volume.

LA MAISON NUCINGEN.....
LES SECRETS DE LA PRIN-
  CESSE DE CADIGNAN.... } 1 v.
LES EMPLOYÉS............
SARRASINE...............
FACINO CANE.............

24e volume.

LES PARENTS PAUVRES. I } 1 v.
LA COUSINE BETTE........

25e volume.

LES PARENTS PAUVRES. II } 1 v.
LE COUSIN PONS..........

Scènes de la Vie politique

26e volume.

UNE TÉNÉBREUSE AFFAIRE.
UN ÉPISODE SOUS LA TER- } 1 v.
  REUR....................

27e volume.

L'ENVERS DE L'HISTOIRE
  CONTEMPORAINE.
MADAME DE LA CHANTERIE. } 1 v.
L'INITIÉ................
Z. MARCAS...............

28e volume.

LE DÉPUTÉ D'ARCIS....... 1 v.

Scènes de la Vie militaire.

29e volume.

LES CHOUANS............. } 1 v.
UNE PASSION DANS LE DÉ-
  SERT...................

Scènes de la Vie de campagne.

30e volume.

LE MÉDECIN DE CAMPAGNE 1 v.

31e volume.

LE CURÉ DE VILLAGE..... 1 v.

32e volume.

LES PAYSANS............. 1 v.

Études philosophiques.

33e volume.

LA PEAU DE CHAGRIN..... 1 v.

34e volume.

LA RECHERCHE DE L'AB-
  SOLU...................
JÉSUS-CHRIST EN FLANDRE. } 1 v.
MELMOTH RÉCONCILIÉ....
LE CHEF-D'ŒUVRE INCONNU

35e volume.

L'ENFANT MAUDIT........
GAMBARA .... } 1 v.
MASSIMILIA DONI........

36e volume.

LES MARAÑA.............
ADIEU..................
LE RÉQUISITIONNAIRE ....
EL VERDUGO ....
UN DRAME AU BORD DE LA } 1 v.
  MER....................
L'AUBERGE ROUGE........
L'ÉLIXIR DE LONGUE VIE..
MAITRE CORNÉLIUS.......

37e volume.

SUR CATHERINE DE MÉDICIS.
LE MARTYR CALVINISTE...
LA CONFIDENCE DES RUG- } 1 v.
  GIERI..................
LES DEUX RÊVES.........

38e volume.

LOUIS LAMBERT..........
LES PROSCRITS.......... } 1 v.
SÉRAPHITA..............

Études analytiques.

39e volume.

PHYSIOLOGIE DU MARIAGE. 1 v.

40e volume.

PETITES MISÈRES DE LA VIE
  CONJUGALE.............. 1 v.

CONTES DROLATIQUES

41ᵉ volume.

1ᵉʳ DIXAIN.

LA BELLE IMPÉRIA........
LE PÉCHÉ VÉNIEL.........
LA MYE DU ROY..........
L'HÉRITIER DU DIABLE....
LES JOYEULSETÉS DU ROY LOYS LE UNZIESME.....
LA CONNESTABLE.........
LA PUCELLE DE THILHOUZE.
LE FRÈRE D'ARMES.......
LE CURÉ D'AZAY-LE-RIDEAU................
L'APOSTROPHE...........
} 1 v.

42ᵉ volume.

2ᵉ DIXAIN.

LES TROIS CLERCS DE SAINCT-NICHOLAS......
LE IEUSNE DE FRANÇOYS PREMIER..............
LES BONS PROUPOS DES RELIGIEUSES DE POISSY.
COMMENT FEUT BASTY LE CHASTEAU D'AZAY.....
LA FAULSE COURTIZANE..
LE DANG'ER D'ESTRE TROP COCQUEBIN............
LA CHIERE NUICTÉE D'AMOUR..................
LE PROSNE DU JOYEULX CURÉ DE MEUDON......
LE SUCCUBE..............
DÉSESPÉRANCE D'AMOUR..
} 1 v.

43ᵉ volume.

3ᵉ DIXAIN.

PERSÉVÉRANCE D'AMOUR..
D'UNG IUSTICIARD QUI NE SE REMEMBROYT LES CHOUSES..............
SUR LE MOYNE AMADOR, QUI FEUT UN GLORIEUX ABBÉ DE TURPENAY.....
BERTHE LA REPENTIE.....
COMMENT LA BELLE FILLE DE PORTILLON QUINAULDA SON IUGE.........
CY EST REMONSTRÉ QUE LA FORTUNE EST TOUIOURS FEMELLE.............
D'UNG PAOUVRE QUI AVOYT NOM LE VIEULX-PAR-CHEMINS................
DIRES INCONGRUS DE TROIS PELERINS.............
NAÏFVETÉ...............
LA BELLE IMPÉRIA MARIÉE.
} 1 v.

THÉATRE

41ᵉ volume.

VAUTRIN, drame en 5 actes.
LES RESSOURCES DE QUINOLA, comédie en 5 actes et un prologue..........
PAMÉLA GIRAUD, pièce en 5 actes..............
} 1 v.

43ᵉ volume.

LA MARATRE, drame intime en 5 actes et 8 tableaux..
LE FAISEUR (MERCADET), comédie en 5 actes (entièrement conforme au manuscrit de l'auteur)...
} 1 v.

Paris.— Imprimerie de la Librairie Nouvelle, A. Bourdilliat, 15, rue Breda.

LIBRAIRIE NOUVELLE
BOULEVARD DES ITALIENS, 15
A. BOURDILLIAT ET Cie, ÉDITEURS

OUVRAGES ILLUSTRÉS

LE 101e RÉGIMENT
PAR JULES NORIAC
Illustré de 84 dessins. — Un vol. grand in-16.
Prix : 4 fr. 50.

CONTES D'UN VIEIL ENFANT
PAR
M. FEUILLET DE CONCHES
DEUXIÈME ÉDITION

Ouvrage imprimé avec le plus grand soin, illustré de 33 gravures sur bois

Un vol. gr. in-8° jésus, papier de choix, glacé et satiné, broché. 8 fr. »
Richement relié, tranche dorée.................................. 12 fr. »

SCÈNES DU JEUNE AGE
PAR Mme SOPHIE GAY
ILLUSTRÉES DE 12 BELLES GRAVURES EXÉCUTÉES AVEC LE PLUS GRAND SOIN

Un volume grand in-8° de plus de 300 pages. — Prix...... 6 fr. »
— id. id. id gravures coloriées. 8 fr. »
Relié en toile mosaïque, riche plaque, tranche dorée..... 10 fr. »
— demi-chagrin, plats en toile, tranche dorée........ 10 fr. »

LES
AVENTURES DU CHEVALIER JAUFRE
ET DE LA BELLE BRUNISSENDE
PAR MARY LAFON

Ouvrage splendidement illustré de 20 gravures sur bois tirées à part
et dessinées par GUSTAVE DORÉ.

Un volume grand in-8° jésus, papier glacé satiné............ 7 fr. 50 c.
Relié en toile mosaïque, riche plaque, tranche dorée...... 12 »
— en demi-chagrin, plats en toile, tranche dorée........ 12 »

LE FAUST DE GŒTHE

Traduit par le Prince A. de Polignac

AVEC UNE PRÉFACE DE M. ARSÈNE HOUSSAYE.

Un beau volume in-18. — Prix : 2 fr. 50 cent.

LES EAUX MINÉRALES DE LA FRANCE

GUIDE DU MÉDECIN PRATICIEN ET DU MALADE

PAR LE Dr FÉLIX ROUBAUD,

INSPECTEUR DES EAUX MINÉRALES DE POUGUES (NIÈVRE).

Un fort volume in-18, imprimé avec grand soin sur papier satiné.

Prix : broché, 4 francs ; relié, 5 francs

LES TRAITÉS DE 1815

UN VOLUME IN-8°. — PRIX : 2 FRANCS

LA FAMILLE D'ANTOINE MOREL

PAR Mme CAMILLE DERAINS

Un beau volume in-18. — Prix : 2 fr. 50 cent.

LES ARMÉES FRANÇAISES EN l'ITALIE

1494-1849

PAR NAPOLÉON GALLOIS

Un fort volume in-18 de 420 pages. — Prix : 3 fr. 50 cent.

FORMAT GRAND IN-8°

BEAU PAPIER VÉLIN, ÉDITION DE LUXE

ALFRED DE VIGNY (DE L'ACADÉMIE FRANÇAISE)
Nouvelle édition des œuvres complètes

STELLO, 1 vol.	3 fr.
GRANDEUR ET SERVITUDE MILITAIRES, 1 vol.	3 fr.
THÉÂTRE, 1 vol.	3 fr.
CINQ-MARS, avec autographes de Richelieu et de Cinq-Mars, 1 vol.	3 fr.
POÉSIES, 1 vol.	3 fr.

MAXIME DU CAMP

LES CONVICTIONS, 1 vol.	3 fr.

VICTOR COUSIN (DE L'ACADÉMIE FRANÇAISE)

PREMIERS ESSAIS DE PHILOSOPHIE, 1 vol.	5 fr.
PHILOSOPHIE SENSUALISTE, 1 vol.	5 fr.
PHILOSOPHIE ÉCOSSAISE, 1 vol.	5 fr.
PHILOSOPHIE DE KANT, 1 vol.	5 fr.

LA COMMUNE DE PARIS

Limites et Organisation nouvelles

PAR

JULES LE BERQUIER

AVOCAT A LA COUR IMPÉRIALE DE PARIS

Un beau volume grand in-8°, imprimé avec caractères neufs

PRIX : 3 FRANCS

www.ingramcontent.com/pod-product-compliance
Lightning Source LLC
Chambersburg PA
CBHW070824170426
43200CB00007B/897